I0489796

Obwohl bei der Erstellung dieses Buches alle Vorsichtsmaßnahmen getroffen wurden, übernimmt der Herausgeber keine Verantwortung für Fehler oder Auslassungen oder für Schäden, die sich aus der Verwendung der hierin enthaltenen Informationen ergeben.

Erste Ausgabe.

Kapitel 1

Perspektive ändern

Denken Sie über die Worte "engagieren" und "Engagement" nach.

Engagement mag ein Substantiv sein, aber es ist ein aktives Wort, das auf Bewegung hinweist. Ob wir nun über ein persönliches oder geschäftliches Engagement sprechen, es ist etwas, das man *tut*. Es erfordert Anstrengung.

Sich engagieren ist ein transitives Verb. Ich weiß, dass Grammatik für viele von uns eine lange Zeit her ist, aber das bedeutet, dass es ein Objekt erfordert. Mit anderen Worten, es ist *an* jemanden oder etwas gerichtet. Wir verloben uns mit jemandem, eine Armee verlobt sich mit einem Feind, ein gutes Buch oder ein Film verlobt Sie, wir verloben Menschen in ein Gespräch.

Effektive Online-Kommunikation setzt voraus, dass man einen Menschen anspricht, nicht einen Computer.

Für eine wirksame Online-Kommunikation ist es erforderlich, einen Menschen und nicht einen Computer einzubeziehen. Ich kann dies nicht genug betonen. Es ist der Schlüssel zu exzellenten Webinaren, Webkonferenzen und Online-Sitzungen - egal, ob Sie der Vortragende oder ein Teilnehmer sind. Es ist wichtig, nie zu vergessen, dass Sie mit echten Menschen sprechen und sie so ansprechen, als wären sie wirklich anwesend.

Intellektuell scheint das offensichtlich zu sein, aber die meisten Menschen tun so, als ob sie mit einem Computer und nicht mit einem Menschen sprechen würden. Virtuelles Engagement erfordert einen Akt der Vorstellungskraft. Man muss *so tun, als sei* die Kamera eine echte Person (wohlgemerkt, ich sagte Kamera, nicht Bildschirm - darauf kommen wir gleich zurück).

Virtuelles Engagement erfordert einen Akt der Vorstellungskraft.

SOZIAL VS. SOLO

Stellen Sie sich eine Sitzung im Sitzungssaal vor. Stellen Sie sich den Raum so klischeehaft wie möglich vor. Sehen Sie den langen Eichentisch und die schwarzen Chefsessel, die an beiden Seiten stehen. Zu Ihrer Rechten sehen

Sie bodentiefe Fenster, die von hoch oben auf die Stadt blicken. Fügen Sie nun den Vorstandsvorsitzenden auf seinem Platz am Kopfende des Tisches und die übrigen Führungskräfte hinzu, die alle sehr professionell gekleidet sind.

Wie würden Sie sich auf dieses Treffen vorbereiten? Würden Sie Ihre Präsentation gut vorbereiten, alle Ihre Unterlagen organisieren und jede mögliche Frage und Ihre Antwort durchdenken? Wie würden Sie sich kleiden? Würden Sie einen Anflug von Angst verspüren, wenn Sie durch die Tür gehen?

Stellen Sie sich nun vor, Sie setzen sich in Ihrem Schlafzimmer an den Computer, während Ihre Kinder im Wohnzimmer fernsehen, und schreiben eine E-Mail an denselben CEO. Würden Sie sich in Ihre professionellste Kleidung hüllen? Würden Sie die gleiche Angst empfinden, wie wenn Sie auf "Neue E-Mail" klicken?

Das würden Sie natürlich nicht tun.

Die Arbeit am Computer ist von Natur aus eine Einzelaktivität, während Meetings eine soziale Aktivität sind. Was ich damit sagen will, ist, dass wir uns immer in einem von zwei Modi befinden: allein und in Gesellschaft. Solo muss nicht bedeuten, dass man allein ist. Wenn Sie an einem Samstagmorgen mit Ihrem Ehepartner oder einem langjährigen Mitbewohner zu Hause sind, befinden Sie sich wahrscheinlich immer noch im Solomodus - ungeputzte Zähne oder abgetragene Jogginghosen und College-T-Shirts sind Ihnen egal.

Die Arbeit am Computer ist von Natur aus eine Einzeltätigkeit, während Sitzungen eine soziale Tätigkeit sind.

Man könnte es auch so beschreiben: *auf der Bühne* und *außerhalb der Bühne*. Im Solomodus achtet man nicht darauf, wie andere einen sehen. Wenn Sie am selben Samstag einen Anruf von Ihren neuen Nachbarn erhalten, die Sie bitten, sich Zucker zu leihen, werden Sie sich wahrscheinlich die Zähne putzen, eine schöne Jogginghose anziehen und sich vergewissern, dass die Aussicht von der Eingangstür akzeptabel ist. Was ist passiert? Sie haben in den sozialen Modus geschaltet.

Vor der Pandemie aktivierten persönliche Treffen Ihren sozialen Modus. Selbst wenn Sie introvertiert sind, haben Sie sich der sozialen Herausforderung gestellt. Sie kleideten sich dem Anlass entsprechend, schüttelten Hände, lächelten und machten Smalltalk. Vor allem aber beugten Sie sich vor, um zuzuhören, nickten mit dem Kopf, schauten den Leuten in die Augen, nahmen eine korrekte Körperhaltung ein und bemühten sich, ganz präsent zu sein.

Diese Aktionen waren anstrengender als das Tippen auf einer Tastatur, aber Sie wurden mit menschlicher Nähe, dynamischem Feedback und emotionaler Energie belohnt.

Sobald Sie jedoch die Besprechung verlassen und sich an Ihren Computer gesetzt haben, schalten Sie wieder in den Solomodus. Ihr Gehirn hat das Bedürfnis, soziale Signale zu lesen, ausgeschaltet und diese Kapazität auf die anstehende Arbeit verlagert. Wir sehen Computerarbeit von Natur aus als Einzelarbeit an.

Wir betrachten die Arbeit am Computer von Natur aus als Einzelarbeit.

Ich habe Sie gebeten, sich zunächst eine Vorstandssitzung und dann das Verfassen einer E-Mail vorzustellen. Nun stellen Sie sich ein drittes Szenario vor: Sie werden an einer virtuellen Sitzung mit Ihrem CEO teilnehmen und eine Präsentation halten. Sie werden immer noch allein in Ihrem Schlafzimmer sitzen, aber jetzt werden Sie mit echten Menschen interagieren.

Werden Sie im sozialen Modus oder im Solomodus arbeiten?

Wenn Sie wie die meisten Menschen sind, werden Sie im Solomodus sein. Du glaubst mir nicht? Unter
"echte" Treffen, wir...

- ... angemessenen Blickkontakt halten.

- ... sich nicht hinter einem schwarzen Blatt Papier mit unserem Namen darauf verstecken (d.h. die Kamera ausschalten).

- ... achten wir auf unsere Körperhaltung und darauf, was sie uns vermittelt.
- ... surfen Sie nicht offen im Internet.
- ... bieten Echtzeit-Feedback.
- ... vergessen Sie nicht, unsere Hosen zu tragen.

Das Haupthindernis für herausragende Leistungen in der virtuellen Kommunikation besteht darin, dass wir sie von Natur aus wie Computerarbeit und nicht wie Menschenarbeit behandeln. Unser Fokus liegt mehr auf "virtuell" als auf "Kommunikation" und Verbindung.

Wir behandeln die virtuelle Kommunikation als Computerarbeit und nicht als Menschenarbeit.

Erinnern Sie sich an Captain James T. Kirk bei seinem intergalaktischen Zoom-Anruf. Er blieb in einem aktiven sozialen Modus statt in einem passiven Solomodus. Er hat kein Multitasking betrieben, sondern sich voll auf sein Publikum eingelassen. Er behielt eine Haltung des Kommandos und des Interesses bei. Er trug seine Uniform, um seinem Publikum (und seiner eigenen Psyche) zu signalisieren, dass er im Arbeitsmodus war. Er behielt die stimmliche Vielfalt bei und sprach mit leicht erhöhter Lautstärke. Er ging auf die Bilder auf dem Bildschirm ein, als wären sie Menschen und keine Computer.

Um eine bessere Verbindung und Effektivität über virtuelle Meetings zu erreichen, müssen wir unsere Perspektive ändern und sie als die sozialen Ereignisse sehen, die sie sind. Wir müssen virtuelle Gespräche wie reale Unterhaltungen behandeln. Wir müssen die Menschen auf der anderen Seite der Kamera einbeziehen.

Behandeln Sie virtuelle Unterhaltungen wie reale Gespräche.

Virtuelle Verbindung

Während ich dies schreibe, sind die COVID-Sperren weitgehend aufgehoben, aber die Erinnerungen an die schmerzhafte Trennung sind noch frisch: Großeltern in Pflegeeinrichtungen, die keinen Besuch empfangen können, Paare, die die internationalen Grenzen nicht überschreiten können,

Freunde, die sich nicht zu ihrem traditionellen Spieleabend treffen können, und Kinder in Krebsstationen, die ihre Großfamilie nicht sehen können.

Für all diese Menschen schienen Videochats wie ein Wunder zu sein. Obwohl sie räumlich getrennt waren, konnten sie virtuell miteinander verbunden sein - wie uns Facebook in rührenden Werbespots gerne in Erinnerung ruft.

Der offensichtlichste Vorteil der virtuellen Kommunikation besteht darin, dass sie Verbindungen ermöglicht, wo sie sonst unpraktisch oder unmöglich wären. In einer Umfrage gaben 89 % der Befragten an, dass Videokonferenzen ihnen helfen, sich mit den Menschen verbunden zu fühlen, die ihnen wichtig sind, und erstaunliche 98 % sagten, dass sie die Beziehungen sowohl außerhalb als auch innerhalb des Unternehmens stärken.[vi] Diese Technologie kommt vor allem Teammitgliedern zugute, die sich früher von der Unternehmenskultur ausgeschlossen fühlten.

Virtuelle Gelegenheit

Früher war die geografische Lage ein großes Hindernis bei der Suche nach Kunden und bei der Kontaktaufnahme mit führenden Unternehmen in Ihrem Bereich. Mit zunehmender Gewöhnung an die virtuelle Kommunikation ist die geografische Lage weniger ein Hindernis. Natürlich ist dies kein Ersatz für eine Konferenz, aber das sollte Sie nicht davon abhalten, die neuen Möglichkeiten zu nutzen.

Es ist leicht, unsere Ermüdung auf Webkonferenzen zu schieben und zu sagen: "Es ist einfach nicht persönlich" oder "Ich fühle mich nicht beteiligt". Aber das Problem ist nicht das Medium, sondern die Art und Weise, wie wir es nutzen.

Meine Frau und ich lernten uns zum ersten Mal auf einer Konferenz in Atlanta kennen, wo sie damals lebte. Nachdem die Konferenz vorbei war, kehrte ich in die Gegend von Seattle zurück. Wir hätten uns zwar auch anrufen können, aber eigentlich haben wir uns über MySpace kennengelernt - das zeigt, wie lange das schon her ist! Nachdem ich eine

Nachricht über MySpace verschickt hatte, seufzte ich nicht vor Erleichterung und beschwerte mich nicht darüber, wie unpersönlich es war. Ich war ermutigt und dankbar für die Möglichkeit, auf eine etwas persönlichere Weise in Kontakt zu treten.

Wenn zwei Menschen ihre Energie in eine Beziehung investieren, werden sie mit positiven Ergebnissen belohnt. Diese Energie liefert dann neue Energie für die Beziehung. Wenn jedoch einer der beiden beginnt, weniger Energie zu investieren, verschlechtert sich die Beziehung und beginnt, beide Menschen zu erschöpfen, was oft zur Trennung führt.

Das Gleiche gilt für Webkonferenzen. Wenn man weniger Energie aufwendet, wird man auch weniger belohnt, was wiederum zu noch weniger Energie führt. Wenn Sie sich bei der virtuellen Kommunikation mehr anstrengen, haben Sie mehr Energie, sind besser vernetzt und letztlich effektiver.

Je mehr Energie Sie in die virtuelle Kommunikation stecken, desto mehr werden Sie erhalten.

DURCH DIE TÜR SPRECHEN

Natürlich sind virtuelle Treffen nicht dasselbe wie persönliche Treffen. So wie das Gespräch mit meinem Sohn durch die Toilettentür Absicht erforderte, so erfordert auch ein effektives virtuelles Engagement besondere Fähigkeiten. Ich habe mit einem befreundeten Barkeeper über die Arbeit während der Pandemie gesprochen, und er sagte, die größte Herausforderung sei es gewesen, zu lernen, seine Kunden durch eine Gesichtsmaske anzusprechen. Ein großer Teil der Arbeit als Barkeeper besteht aus persönlicher Interaktion, und die Mimik ist der Schlüssel zur Verbindung.

Er arbeitete absichtlich daran, diese Herausforderungen zu meistern, indem er lernte, besonders breit zu lächeln, damit sie das Lächeln in seinen Augen sehen und in seiner Stimme hören konnten (wussten Sie, dass die besten Callcenter ihren Mitarbeitern beibringen, zu lächeln, wenn sie mit Ihnen sprechen?) Außerdem vermied er es, seine Kunden zu necken, weil das Risiko, missverstanden zu werden, ohne Anhaltspunkte im Gesicht viel größer war. Schließlich sprach er lauter und deutlicher und benutzte mehr seine Hände.

Warum bemühte er sich so sehr, seine Kunden einzubeziehen? Weil sich seine Fähigkeit, Kontakte zu knüpfen, direkt auf sein Trinkgeld auswirkte. Kommunikation wird zur Währung.

Die virtuelle Kommunikation steht vor vielen der gleichen Herausforderungen. Wie ich bereits gesagt habe, entsteht eine Barriere zwischen Ihnen und den anderen Teilnehmern. Lassen Sie uns darüber sprechen, wie Sie diese Barriere "durchsprechen" können.

Je größer die räumliche Distanz zwischen Ihnen und Ihrem Publikum ist, desto größer müssen Sie sein.

Als Trainerin für öffentliche Auftritte erinnere ich meine Kunden häufig daran, sich auf der Bühne natürlich *zu* verhalten - ein Redner muss ein übertriebenes Modell seiner selbst annehmen. Je größer die physische Distanz zwischen Ihnen und Ihrem Publikum ist, desto größer müssen Sie sein.

Genauso muss eine effektive virtuelle Kommunikation leicht übertrieben sein, um so gesehen und gehört zu werden, wie Sie es wollen. Es ist viel mehr wie bei einem Theaterstück als bei einem Film - es gibt keine Nahaufnahmen, um Ihre winzige Mimik einzufangen.

Da wir von Natur aus im Solomodus an die Computerarbeit herangehen, neigen die meisten Menschen dazu, weniger lebhaft zu sein, leiser zu sprechen und sich vom Computer wegzudrücken. Das ist genau das Gegenteil von dem, was Sie tun müssen. Sie müssen Ihre Aufregung steigern, sich in den Computer hineinbeugen und sich mehr anstrengen, um Ihr Publikum zu fesseln.

Erfordert diese Art von Engagement mehr Energie? Auf jeden Fall. Aber im Gegenzug wird Ihr Publikum energiegeladener und gibt diese Energie dann an Sie zurück.

60-Sekunden-Fix

Wenn Sie das nächste Mal eine virtuelle Präsentation halten müssen, finden Sie eine Möglichkeit, Ihren Computer auf "Augenhöhe" zu bringen (ich habe auf Reisen schon Bücher und sogar Hotelhocker benutzt) und halten Sie Ihre Präsentation im Stehen. Sie werden sofort mehr Energie und Kraft spüren. Wir werden in Kapitel 12 noch ein wenig mehr darüber sprechen.

AKTIVES ZUHÖREN

Haben Sie schon einmal jemandem Ihr Herz ausgeschüttet, nur um dann zu hören: "Tut mir leid, was war das? Ich habe nicht zugehört." Oder haben Sie versucht, ein ernsthaftes Gespräch mit jemandem zu führen, während dieser ständig auf sein Handy starrte?

Bei guter Kommunikation kommt es nicht nur auf den Redner an, sondern auch auf den Zuhörer. Als Teilnehmer eines virtuellen Meetings leisten Sie einen wichtigen Beitrag. Die Art und Weise, wie Sie zuhören oder nicht zuhören, wirkt sich direkt auf den Redner und damit auf die Qualität der Präsentation aus.

Die Art und Weise, wie Sie zuhören bzw. nicht zuhören, wirkt sich auf die Qualität der Besprechung aus.

Denken Sie daran: Virtuelle Meetings sind soziale Aktivitäten, keine Einzelkämpfer. Seien Sie präsent, ob Sie nun reden *oder* zuhören. Denken Sie daran, wie Sie bei persönlichen Treffen Interesse zeigen:

- Lehnen Sie sich für einen wichtigen Punkt näher heran.
- Nicken Sie zum Zeichen der Zustimmung.
- Lehnen Sie sich zurück und verschränken Sie die Arme oder schütteln Sie den Kopf, um nicht zuzustimmen.
- Lächeln Sie zur Ermutigung.
- Halten Sie Augenkontakt.
- Werfen Sie "Hörgeräusche" ein.

Stellen Sie Fragen, wenn Sie Klarheit brauchen.

Dies ist eine grundlegende Sache der Goldenen Regel - behandle andere so, wie du selbst behandelt werden möchtest.

ABGELENKT & ABLENKUNGEN

Eine Umfrage ergab, dass 20 % der Befragten der Meinung sind, dass virtuelle Sitzungen "selten produktiv" sind, und dass fast die Hälfte persönliche Sitzungen vorzieht. Mehr als 50 % der Befragten gaben jedoch zu, dass sie der Sitzung nicht ihre volle Aufmerksamkeit schenkten. Stattdessen waren sie:

- E-Mail abrufen.
- Texting.
- Multitasking.
- Naschen.
- Durch die sozialen Medien scrollen.
- Surfen im Internet.
- Erledigung von Hausarbeiten.
- Videospiele spielen.[vii]

In der Umfrage wurde das nicht ausdrücklich gesagt, aber ich wette, dass 100 % der 20 %, die virtuelle Meetings als unproduktiv bezeichneten, zu den 50 % gehörten, die abgelenkt waren! (Haben Sie das alles verfolgt...)

Virtuelle Gelegenheit

Einer Umfrage zufolge neigen 82 % der Menschen bei einem Videogespräch weniger zum Multitasking als bei einem Telefongespräch[viii]. Ich denke, das hat zwei Gründe. Erstens sind sie durch die Videoübertragung mehr beschäftigt. Zweitens ist die Wahrscheinlichkeit größer, dass sie erwischt werden!

Es ist leicht, schlecht durchgeführte Besprechungen für Ineffizienz verantwortlich zu machen - und das aus gutem Grund. Die Effektivität von Besprechungen steht und fällt mit den Fähigkeiten der Moderatoren, worauf wir im dritten Teil noch näher eingehen werden. Aber auch abgelenkte Teilnehmer sind mitverantwortlich. Wenn die Hälfte von ihnen sichtlich abgelenkt ist (man kann es nie so gut verbergen, wie man denkt), demoralisiert das den Moderator und ermutigt alle anderen, sich abzumelden. Wenn die Beteiligung sinkt, sinkt auch die Effektivität.

Oh, und Multitasking ist ein Mythos. Unsere Gehirne erledigen Aufgaben nicht wirklich gleichzeitig. Es wechselt schnell zwischen Aufgaben, z. B. zwischen dem Anhören eines Podcasts und dem Tippen einer E-Mail, und verliert bei jedem Wechsel etwas an Effizienz.[ix] Wie mein Redakteur Josh Kelley zu sagen pflegt: "Multitasking ist einfach eine großartige Möglichkeit, ein 'Halbkönig' zu sein."

Multitasking ist eine gute Möglichkeit, ein "Halbkönig" zu sein.

Neben abgelenkten Teilnehmern sind auch unerwartete *Ablenkungen* ein häufiges Problem bei Webkonferenzen. Zu den Zoom-Pannen, die viral gegangen sind, gehören verspielte Katzen, aufdringliche Kleinkinder und nicht ganz so diskrete Toiletten. Das mag in der Besprechung eines anderen lustig sein, aber nicht in Ihrer. Treffen Sie die notwendigen Vorkehrungen, um zu vermeiden, dass sie aus den falschen Gründen auf YouTube auftauchen.

INTENTIONALITÄT

Der Schlüssel zu diesem Kapitel ist die *Intentionalität*. Das Elternteil, das durch die Badezimmertür spricht, der Barkeeper, der durch eine Gesichtsmaske kommuniziert, und der Rockstar Zoomer haben alle eines gemeinsam: Sie sind unglaublich bewusst in ihrer Kommunikation und achten sowohl darauf, wie sie sprechen als auch wie sie zuhören. Ihre kurzfristigen Bemühungen werden mit langfristigen Ergebnissen belohnt.

Wirksame virtuelle Kommunikation erfordert Intentionalität.

Für die meisten Menschen ist der Blickkontakt das wichtigste Element der Kommunikation. Die virtuelle Kommunikation erschwert den Augenkontakt in vielerlei Hinsicht, angefangen bei der Frage, wohin man schauen soll, bis hin zur Bekämpfung der Überanstrengung der Augen. Das ist unser nächstes Thema.

Behandeln Sie die Kamera wie die Augen einer echten Person.

Kapitel 3:

Es ist alles in den Augen

"Die Augen sind das Fenster der Seele".

Das haben Sie schon tausendmal gehört. Den Ausdruck gibt es seit Shakespeare, aber das Konzept ist viel, viel älter. Schon im 1. Jahrhundert v. Chr. sagte Cicero: "Das Gesicht ist ein Bild des Geistes, wie die Augen sein Dolmetscher sind."

Die Wissenschaft kann dies nur bestätigen. Sie können ein Lächeln vortäuschen oder Interesse heucheln, aber Sie haben keine freiwillige Kontrolle über Ihre Pupillen und sie geben anderen einen Einblick in Ihre wahren Gefühle.[x] Wir sind sehr empfänglich für das kleinste Detail in den Augen eines anderen Menschen. Ist Ihnen schon einmal aufgefallen, dass Sie erkennen können, ob ein Fußgänger Sie ansieht, auch wenn sich sein Kopf nicht bewegt und Sie mit 60 km/h an ihm vorbeifahren?

Virtuelles Engagement erfordert besondere Aufmerksamkeit für Ihre Augen. Es erfordert auch eine gute Pflege der Augen, denn lange Bildschirmarbeit ist eine der Hauptursachen für geistige Ermüdung. Glücklicherweise sind die "Augenlösungen" erstaunlich einfach.

Virtuelles Engagement erfordert besondere Aufmerksamkeit für Ihre Augen.

BLICK IN DIE KAMERA

Die erste "Augenfixierung" ist vielleicht das wichtigste Prinzip im ganzen Buch, und es ist sicherlich das einfachste: Behandeln Sie die Kamera wie die Augen der anderen Teilnehmer. Sie kennen das wahrscheinlich schon vom Fotografieren von Selfies. Wenn Sie sich auf Ihr Bild auf dem Handy konzentrieren, scheinen Sie nach unten zu schauen. Nur wenn Sie in die Kamera schauen, scheint es, als würden Sie geradeaus schauen.

Behandeln Sie die Kamera wie die Augen einer echten Person.

Genau so funktioniert es auch in virtuellen Meetings. Wenn Sie den Redner oder die Galerie (oder sich selbst) ansehen, scheint es, als würden Sie von ihnen wegschauen. An dieser Stelle kommt der Grundsatz "Virtuelles Engagement erfordert einen Akt der Vorstellungskraft" ins Spiel. Sie müssen so tun, als sei die Kamera die Augen des Publikums. Die gute Nachricht ist, dass es mit etwas Übung leichter wird, wie Ihnen jeder Fernsehreporter bestätigen kann.

KAMERAPLATZIERUNG

Die zweite Möglichkeit, das Auge zu fixieren, ist fast genauso einfach: Bringen Sie die Kamera auf Augenhöhe. Dazu können Sie entweder eine externe Kamera auf einem Stativ verwenden oder Ihren Computer in die Höhe stellen (mehr über die Ausrüstung erfahren Sie in Kapitel 12). Das Anheben der Kamera und das Fokussieren auf sie statt auf den Bildschirm hat mehrere unmittelbare Vorteile:

TEIL 2: **VORBEREITUNG**

Es gibt nichts Besseres, als mit einem Höchstmaß an Selbstvertrauen in ein Meeting zu gehen.

Kapitel 4

Fertig werden

Thomas Sowell schrieb einmal: "Menschen, die Spaß an Sitzungen haben, sollten für nichts verantwortlich sein. In Anbetracht der vielen sinnlosen Sitzungen um der Sitzungen willen, an denen ich teilgenommen (und leider auch geleitet) habe, kann ich diesen Satz gut verstehen. Aber ich habe auch an einigen erstaunlichen Besprechungen teilgenommen, die aufschlussreiche Diskussionen ausgelöst und zu entscheidenden Maßnahmen geführt haben. Wie der alte König Salomon sagte: "Ohne Rat scheitern Pläne, aber mit vielen Beratern gelingen sie."[xviii] Was macht den Unterschied zwischen einer effektiven und einer ineffektiven Besprechung aus?

Zwei Dinge: Menschen und Vorbereitung. Gute Besprechungen erfordern die richtigen Leute, die bereit sind, sich zu treffen, und die von jemandem geleitet werden, der auch bereit ist, die Besprechung zu moderieren. In diesem Kapitel geht es darum, wie Sie sich auf eine gute Besprechung vorbereiten können. Es konzentriert sich auf die Teilnehmer, aber vieles davon gilt auch für die Moderatoren. Vieles davon mag wie gesunder Menschenverstand erscheinen, aber das virtuelle Zeitalter hat uns schlampiger gemacht, buchstäblich und im übertragenen Sinne!

FÜR DEN ERFOLG GEKLEIDET

Ich sprach mit einem anderen Coach über einen Kunden, der kürzlich eine Einzelsitzung hatte. Wie immer bereitete sie sich auf die Sitzung vor, indem sie ihre Notizen durchging und sich für die Zoom-Sitzung professionell kleidete. Während der gesamten Sitzung hielt der Kunde die Kamera fest auf sein Gesicht gerichtet. Das war kein besonders schmeichelhafter Anblick, aber sie ignorierte es einfach. Als er sich bewegte, änderte sich der Kamerawinkel, und sie stellte schließlich fest, dass er immer noch im Bett lag und nicht einmal ein Hemd trug! Das war natürlich unglaublich unprofessionell, aber er war der Kunde, also beendete sie die Sitzung ohne Kommentar.

Das fand ich so interessant. Sie bekommt fast immer Fünf-Sterne-Bewertungen, aber dieser Kunde gab ihr nur vier Sterne. Aber ich weiß, dass sie ihm das gleiche hochwertige Coaching gegeben hat, das sie immer gibt.

Ich glaube, dass es an seiner mangelnden Vorbereitung und Professionalität lag, dass er nicht in der Lage war, den vollen Wert ihrer Arbeit zu erhalten.

Wie man sich kleidet, ist wichtig. Sie und ich wissen das beide.

Ich bin Rednercoach für Seattle TEDx. Dies ist eine sehr professionelle Gruppe. Fast alle von ihnen haben mehrere fortgeschrittene Abschlüsse und sind führend auf ihrem Gebiet. Wenn ich mit ihnen arbeite, kleide ich mich sehr professionell und trage mindestens ein Sakko und elegante Schuhe. Ich bin mir sicher, dass Sie sich schon einmal in einer ähnlichen Situation befunden haben und wissen, wie sehr das Aussehen die Reaktion der Leute auf Sie beeinflusst. Vielleicht haben Sie einen Stylisten engagiert, der Ihnen hilft, Ihr Modebewusstsein zu verbessern. Selbst "Business Casual" ist komplizierter als Ihre Samstagmorgenkleidung. Ihr Erscheinungsbild sagt viel aus.

Dann brachte die COVID-Pandemie das normale Leben völlig durcheinander. Sie zwang die meisten von uns, von zu Hause aus zu arbeiten, und wir hatten Mühe, uns darauf einzustellen, dass virtuelle Sitzungen zur Norm wurden. In diesen chaotischen Tagen schienen wir alles zu vergessen, was wir darüber wussten, wie man sich für den Erfolg kleidet. Das lag zum großen Teil an den raschen Veränderungen und der enormen emotionalen Belastung, der wir ausgesetzt waren. Aber da die virtuelle Kommunikation zur neuen Normalität wird, ist es wichtig, daran zu denken, dass auch Ihr *virtuelles* Auftreten viel aussagt.

Ihr virtueller Auftritt spricht Bände.

Wie dieser hemdsärmelige Kunde gezeigt hat, geht es bei der Kleidung für den Erfolg nicht nur darum, was sie anderen vermittelt. Es hat auch Auswirkungen darauf, wie wir uns selbst *fühlen* - wir alle kennen das Gefühl, wenn wir unser professionellstes Outfit anziehen. Doch während des COVID-Lockdowns ging der Verkauf von Hosen zurück, der von Hemden stieg an und der von Schlafanzügen schnellte in die Höhe. Geschäftskleidung oben und Jogginghosen (oder Schlimmeres) unten sind die Norm. Das mag zwar bequemer sein, kann sich aber dennoch negativ auf die Produktivität auswirken.

Selbst wenn Sie keinen Fehler machen und versehentlich Ihre Unterhose zeigen, wie es bei einigen Zoomern der Fall war, wird es sich negativ auf Sie auswirken, wenn Sie sich nur für die Kamera anziehen.

Wie Dawnn Karen, Autorin von *Dress Your Best Life*, sagte: "Wenn man nicht in der Lage ist, das Outfit zu tragen, mit dem man zur Arbeit geht, fühlt man sich weniger produktiv. Man fühlt sich nutzlos. Das beeinträchtigt Ihr Selbstwertgefühl."[xviii]

Ich will damit nicht sagen, dass Sie sich für jede Webkonferenz schick machen müssen. Bei Zoom-Meetings trage ich normalerweise Hausschuhe - bei uns zu Hause heißt es: "Ziehen Sie die Schuhe an der Tür aus" -, aber wenn ich eine virtuelle Grundsatzrede halte, trage ich trotzdem elegante Schuhe. Es macht einen Unterschied, wie ich mich fühle. Experimentieren Sie also und finden Sie heraus, was für Sie am besten funktioniert. Fühlen Sie sich am wohlsten, wenn Sie von Kopf bis Fuß professionell gekleidet sind, oder können Sie es etwas legerer angehen?

FRÜH EINTREFFEN UND DEN RAUM VORBEREITEN

Abgesehen davon, dass man keine Hosen trägt, gibt es nur wenige Dinge, die unprofessioneller sind, als alle warten zu lassen, während man in einen anderen Raum rennt, um seine Notizen zu holen oder einen Kaffee zu trinken. Das erste sagt: "Ich habe nicht alles im Griff." Das zweite sagt: "Ihre Zeit ist mir egal." Auch hier waren wir viel vorsichtiger, als wir uns noch von Angesicht zu Angesicht trafen, aber die virtuelle Kommunikation hat viele von uns weniger selbstbewusst gemacht. Und leider gibt es Anzeichen dafür, dass wir einige dieser schlechten Angewohnheiten aus der virtuellen Kommunikation mit in die persönlichen Treffen bringen.

Kaum etwas ist unprofessioneller, als alle auf sich warten zu lassen.

Wenn Sie nicht bereits nach dem Mantra "Pünktlich ist spät" leben, sollten Sie es auch für virtuelle Meetings übernehmen. Robert Love, CTO von Q-CTRL, sagt: "Lieber zehn Minuten zu früh, als eine Minute zu spät".[xix] Und warum? Unter anderem deshalb, weil die zusätzliche Komplexität der Technologie die Wahrscheinlichkeit, dass etwas schief geht, erheblich erhöht - wer nur eine Minute zu früh kommt, kann leicht zehn Minuten zu spät kommen!

Nutzen Sie diese zusätzliche Zeit, um diese Checkliste durchzuarbeiten. Wenn Sie früher fertig sind, nutzen Sie die Zeit, um Ihre Notizen durchzugehen.

- Habe ich meinen Kaffee?
- Habe ich nach meinen letzten fünf Tassen Kaffee die Toilette benutzt?
- Verfüge ich über eine ausreichende Bandbreite und funktioniert meine Ausrüstung (siehe Kapitel 13)?
- Habe ich mein Telefon stummgeschaltet? (Besser noch, ich habe es weggesteckt.)
- Habe ich alles, was ich brauche, in Reichweite, einschließlich meiner Notizen und anderer Materialien?
- Habe ich auf meinem Computer irgendwelche Dateien gefunden, die ich brauchen könnte?
- Weiß meine Familie/meine Mitbewohner, dass ich an einem Meeting teilnehme?
- Ist mein Hund/Katze/Papagei (googeln Sie mal) im Nebenzimmer eingesperrt?
- Gibt es noch andere Ablenkungen, die ich aus dem Weg räumen muss?
- Wird es vor meinem Fenster Müllwagen oder Rasenmäher geben?

Lieber zehn Minuten zu früh, als eine Minute zu spät.

Unter Ablenkungen sind beide Dinge zu verstehen, die die anderen Teilnehmer ablenken könnten
(darauf gehen wir später noch ein) und Dinge, die Sie ablenken. Stellen Sie Ihr Telefon auf lautlos (oder noch besser, legen Sie es weg), schließen Sie Ihren Webbrowser und räumen Sie alles weg, was Ihre Aufmerksamkeit von der Besprechung ablenken könnte. Eine gute Frage, die Sie sich stellen können, ist: "Würde ich das bei einem persönlichen Treffen auf dem Tisch liegen haben?

Virtuelle Gelegenheit

Mit ein wenig Übung können Sie bei virtuellen Meetings den Eindruck erwecken, besser vorbereitet zu sein, als Sie es tatsächlich sind. Wenn Sie die relevanten Dateien leicht zugänglich auf Ihrem Computer haben und sie unauffällig auf dem Bildschirm lesen können, sieht es so aus, als hätten Sie alles auswendig gelernt! Achtung: Verwenden Sie diese Strategie niemals als Ersatz für eine gute Vorbereitung. Beherrschen Sie die wichtigsten Punkte und halten Sie die sekundären Dinge griffbereit.

Ein weiterer einzigartiger Aspekt virtueller Besprechungen ist, dass Ihr Schreibtisch mit in die Besprechungen genommen wird, anstatt dass Sie ihn verlassen und an einen anderen Ort gehen. Das bedeutet, dass der Zustand Ihres Schreibtisches relevant wird.

"Unordentlicher Schreibtisch, unordentlicher Verstand" und "Ein unordentlicher Schreibtisch ist ein Zeichen von Genialität" sind zwei konkurrierende Slogans, die sich beide auf ihre eigene Forschung berufen können.[xx] Die Frage ist jedoch nicht, ob ein unordentlicher Schreibtisch ablenkt - das tut er -, sondern ob Ablenkung gut oder schlecht ist. Ablenkung lähmt manche Menschen und fördert bei anderen die Kreativität. Meetings sind jedoch kein guter Ort für Ablenkung. Zumindest sollte Ihr unordentlicher Schreibtisch nicht für alle anderen sichtbar sein.

60-Sekunden-Fix

Wenn Sie ein unordentlicher Schreibtischmensch sind, probieren Sie aus, ob Ihnen ein wenig Ordnung bei Besprechungen hilft, sich zu konzentrieren. Nehmen Sie sich eine Minute Zeit, um einige Papiere zu stapeln und andere Dinge aus Ihrem Blickfeld zu entfernen. Achten Sie darauf, ob es Ihnen dadurch leichter fällt, sich zu konzentrieren.

MENTALE VORBEREITUNG

Ich habe es schon mehrmals gesagt und werde es immer wiederholen. Je mehr Sie in virtuelle Meetings investieren, desto mehr werden Sie davon haben. Bereiten Sie nicht nur Ihren Raum, sondern auch Ihren Geist vor.

Wann immer ich zu einem Treffen eingeladen werde, möchte ich wissen, worum es geht.

Hoffentlich bekomme ich eine echte Tagesordnung. Und wenn der Organisator vergisst, mich zu informieren, scheue ich mich nicht, höflich zu fragen. Grundsätzlich sage ich: "Je mehr ich im Voraus weiß, desto besser vorbereitet und hilfreicher kann ich sein." Es gibt nichts Besseres, als gut vorbereitet und in Höchstform in eine Sitzung zu gehen. Und es gibt nichts Schlimmeres als das Gefühl, unvorbereitet zu sein.

Es gibt nichts Besseres, als mit einem Höchstmaß an Selbstvertrauen in ein Meeting zu gehen.

Hier ist mein Vorschlag. Sobald Sie den Zweck des Treffens kennen, schätzen Sie die Zeit, die Sie brauchen, um sich mental vorzubereiten. Verdoppeln Sie diese Zeit, und planen Sie die "Vorbereitungszeit" mindestens einen Tag im Voraus ein, damit Sie darüber schlafen können, aber nicht so weit im Voraus, dass Sie Ihre Gedanken vergessen.

Das ist wichtig: Das Ziel der Vorbereitung besteht nicht darin, Munition für Ihre Seite zu sammeln, sondern sicherzustellen, dass Sie in der Lage sind, den Sachverhalt zu verstehen und sich einzubringen. Hier sind die Dinge, über die Sie sich Gedanken machen sollten:

- Gibt es etwas, das Sie im Voraus mit dem Moderator klären
- müssen?

  - Gibt es irgendwelche Informationen oder Ressourcen, die Sie sammeln sollten?

Ringen Sie sich durch die Hauptthemen des Treffens und stellen Sie erste (und lose) Gedanken auf.

- Erstellen Sie mehrere Fragen, die Ihnen helfen, die Themen und die verschiedenen Perspektiven zu verstehen.

Nehmen Sie sich am Tag des Treffens etwas Zeit, um Ihre Notizen durchzugehen. Bereiten Sie sich dann kurz vor der Sitzung mental und emotional darauf vor, voll präsent zu sein.

Scheint das nicht eine Menge Arbeit zu sein, nur um sich auf eine Sitzung vorzubereiten? Wenn Sie sich dadurch besser fühlen, erwarte ich vom Moderator viel mehr. Aber in manchen Situationen ist das natürlich übertrieben, und manchmal wird man nicht genügend vorgewarnt, um sich richtig vorzubereiten. Ich habe jedoch festgestellt, dass selbst zehn Minuten mentale Vorbereitung fünfzehn Minuten vor einer Sitzung unsere Fähigkeit, einen Beitrag zu leisten und Nutzen zu ziehen, verbessern. Und das wiederum kann dazu führen, dass man sich von der Masse abhebt - aus den richtigen Gründen. Das werden wir im nächsten Kapitel behandeln.

Gehört werden ist das neue Gesehenwerden.

Kapitel 5

Auftauchen und auffallen

Als die COVID-Sperren den größten Teil der Welt trafen, drehten extrovertierte Menschen (wie ich) noch vor Ende der ersten Woche durch. Introvertierte (wie mein Teammitglied Aimée) versuchten, nicht allzu glücklich über die neuen Regelungen zu sein. Auf einer neuen Tasse für Introvertierte stand: "Ich war schon sozial distanziert, bevor es cool war."

Nach einiger Zeit jedoch begannen selbst introvertierte Menschen die Isolation zu spüren. Dann kam die Zoom-Explosion. Während viele Extrovertierte es für einen traurigen Ersatz für ein Bier mit einem Freund hielten, fanden viele Introvertierte virtuelle Meetings sogar noch anstrengender. Ein Artikel zu diesem Thema trug den Untertitel: "Experten erklären, warum Videoanrufe für Introvertierte eine besondere Hölle sind".[xxi] Die Kurzversion: Webkonferenzen vergeuden eine Menge emotionaler Energie (die sich allerdings mit meinen Strategien wieder zurückgewinnen lässt).

Es überrascht nicht, dass eine häufige Reaktion auf die "virtuelle Kommunikationsrevolution" sowohl von Introvertierten als auch von Extrovertierten darin bestand, so viele Meetings wie möglich zu vermeiden und sich bei denjenigen, bei denen dies nicht möglich war, nur minimal zu engagieren. Bei dieser Taktik gibt es zwei Probleme. 1) Wie ich in Kapitel 2 sagte, bedeutet weniger Energieeinsatz, dass die Erfahrung noch weniger erfüllend und noch anstrengender sein wird. Und 2) Vermeiden und sich zurückziehen kann Ihrer Karriere ernsthaft schaden. Es gibt nur sehr wenige Menschen, die so gefragt sind, dass sie es sich leisten können, weder von Vorgesetzten noch von potenziellen Kunden wahrgenommen zu werden - und in Besprechungen *gehört zu* werden, ist das neue Gesehenwerden.

Gehört werden ist das neue Gesehenwerden.

Ziel dieses Kapitels ist es, Ihnen dabei zu helfen, das meiste aus jedem virtuellen Meeting, an dem Sie teilnehmen, herauszuholen - nicht nur durch das, was Sie erhalten, sondern auch durch das, was Sie *beitragen*, und Ihre Chance, sich auf bestmögliche Weise zu profilieren.

WARUM SIND SIE DORT?

Warum sind Sie bei der Sitzung? Nehmen Sie sich ernsthaft einen Moment Zeit, um diese Frage zu beantworten. Wenn Ihre Antwort lautet: "Weil ich muss", verpassen Sie wahrscheinlich einige wertvolle Gelegenheiten, etwas zu lernen, einen Beitrag zu leisten und sich von der Masse abzuheben.

1. LERNEN

Es gibt immer etwas, das man lernen kann. Immer. Vielleicht rollen Sie jetzt mit den Augen und denken: "Sie waren noch nicht in meinen Sitzungen." Vielleicht nicht, aber ich war in einigen ziemlich lahmen Meetings (und ich habe einige ziemlich lahme geleitet), aber es gab immer etwas zu lernen, selbst wenn es darum ging, wie man ein Meeting *nicht* leitet - und das allein kann schon eine unglaublich wertvolle Lektion sein. Der Punkt ist, wenn Sie denken, dass Sie nichts lernen können, werden Sie es auch nicht.

Wenn Sie glauben, dass Sie nichts lernen können, werden Sie es auch nicht.

Für viele Sitzungen ist der Inhalt das Offensichtlichste, was es zu lernen gibt. Betrachten Sie Ihren Geist jedoch nicht als leere Tafel, die darauf wartet, gefüllt zu werden. Es ist ein Feld, das vorbereitet werden muss, um die maximale Ausbeute zu erzielen. Wie ich bereits im letzten Kapitel erwähnt habe, sollten Sie die Tagesordnung und das Begleitmaterial studieren und alle Aufgaben, die vor der Sitzung anfallen, erledigen. Das ist das Minimum. Danach sollten Sie sich persönlich mit dem Thema befassen und sich alle Fragen notieren. Seien Sie wissbegierig und bereit zu lernen.

Wenden Sie in der Sitzung selbst alle Lektionen aus Kapitel 2 an und konzentrieren Sie sich ganz auf sich selbst. Kein Handy, keine E-Mails, kein Multitasking. (Denken Sie daran: Multitasking führt dazu, dass Sie ein Halbkönig sind).

Abgesehen vom Inhalt einer Sitzung gibt es *immer* viele Lektionen für den aufmerksamen Beobachter. Seien Sie aufmerksam und stellen Sie sich Fragen wie:

- Wie waren die anderen Teilnehmer gekleidet? Wie haben sie sich eingerichtet? Wie hat das meine Wahrnehmung von ihnen beeinflusst?

- Wie haben sie interagiert? Haben sie zu viel oder zu wenig geredet? Was kann ich daraus lernen?

- Was hat der Vortragende gut gemacht? Was könnte verbessert werden?

Es gibt immer viele Lektionen für den aufmerksamen Beobachter.

2. BEREITSTELLUNG

Mit Ausnahme von Sitzungen, die sich ausschließlich auf den Vortragenden konzentrieren, ist Ihre Teilnahme ein wesentlicher Bestandteil der Sitzung. Durch Beiträge und Interaktion wird Ihr sozialer Modus aktiviert, was wiederum zu einem positiveren und angenehmeren Erlebnis führt.

Das bedeutet vor allem, dass die Kamera laufen muss und dass Sie alle *nonverbalen* Tricks anwenden sollten, die Sie in petto haben:

- Ein Winken und ein breites Lächeln vermitteln Wärme und Akzeptanz (selbst der erfahrenste Redner wird das zu schätzen wissen).

- Ein Nicken und Kopfschütteln zeigt, dass Sie mit ihnen mitgehen.

- Fragende Blicke können einem Moderator helfen, zu erkennen, ob er sich unklar ausgedrückt hat.

Und vergessen Sie nie den Augenkontakt, ich meine den Kamerakontakt.

Wenn es um *verbale* Kommunikation geht, werden gute Moderatoren Sie wissen lassen, ob Sie lieber die Chatbox benutzen oder laut sprechen sollen. Wenn sie das nicht tun, ist die Chatbox immer am sichersten, besonders in einer großen Gruppe.

Einige Teilnehmer haben vielleicht "Lampenfieber" bei dem Gedanken, etwas zu sagen. In Kapitel 10 gehe ich auf einige Grundlagen des öffentlichen Redens ein, die für Moderatoren relevant sind. Mein Vorschlag für die Teilnehmer ist jedoch, sich daran zu erinnern, dass es sich um ein Gespräch handelt, nicht um eine Rede. Es gibt wirklich nichts, wovor man Angst haben muss.

Hat das geholfen? Falls nicht, hier ein Tipp aus meinem Buch *Speak With No Fear:* "Konzentrieren Sie sich auf den Spaß, nicht auf die Angst."[xxii]

Was ich meine, ist, dass Angst und Freude sich gegenseitig ausschließende Gefühle sind. Wenn Sie sich darauf konzentrieren, wie Ihre Frage oder Ihr Kommentar anderen nützt, wird sich Ihre Angst verringern.

Sie haben etwas beizutragen. Vergessen Sie das nicht. Sie verfügen über bestimmte Fähigkeiten, Erfahrungen und Perspektiven, die der Gruppe zugute kommen werden. Wenn Sie Ihre Hausaufgaben gemacht haben und sich in der Sitzung engagiert haben, dann haben Sie etwas, das der Gruppe zugute kommt. Bonus: Wenn Sie einen guten Beitrag leisten, werden Sie sich noch mehr engagieren und die Sitzung genießen.

Ein guter Beitrag wird Ihnen helfen, sich zu engagieren und das Treffen noch mehr zu genießen.

Natürlich brauchen einige von Ihnen keine Ermutigung, um einen Beitrag zu leisten. Vielleicht haben Sie sogar das gegenteilige Problem. Vergessen Sie nicht, dass das Einzige, was schlimmer ist als ein Mauerblümchen zu sein, ein Angeber ist. Es ist eine Kunst, genau zuzuhören, aufschlussreiche Fragen zu stellen und wertvolle Beiträge zu leisten.

Sind Sie nicht sicher, ob Sie zu viel reden? Dann besteht eine gute Chance, dass Sie es tun. Ich verurteile Sie nicht, ich sitze im selben Boot. Hier ist ein kleiner Trick. Schreiben Sie vor der Besprechung die Namen aller Teilnehmer (einschließlich Ihrer eigenen) auf einen Notizblock und notieren Sie dann mit Hilfe von Rautezeichen, wie oft jeder redet. Das ist das Äquivalent zum Kalorienzählen in einem virtuellen Meeting. Allein dadurch, dass Sie den Überblick behalten, werden Sie aufmerksamer darauf achten, wie viel Sie reden. Ein weiterer Tipp: Gewöhnen Sie sich an die Stille - es ist nicht *immer* Ihre Aufgabe, sie zu füllen! Gute Moderatoren nutzen die Stille als "Trick", um zögerliche Redner einzubinden, Sie könnten sie also sabotieren.

Das Einzige, was noch schlimmer ist, als ein Mauerblümchen zu sein, ist ein Angeber zu sein.

3. AUSSTEHEN

Denken Sie daran: Gehört werden ist das neue Gesehen werden. Mit der zunehmenden Verbreitung der Telearbeit und der Arbeit außerhalb des Büros verlieren Sie die Gelegenheit, im Büro von den Menschen gesehen zu werden, die Ihre Karriere voranbringen können. Oder wenn Sie Unternehmer sind, entgehen Ihnen vielleicht viele potenzielle Kunden, die Sie normalerweise über informelle Netzwerke kennen lernen würden. Wie auch immer, Sie können es sich nicht leisten, die neuen Möglichkeiten zu verpassen, die Zooming bietet.

Wenn Sie in einer virtuellen Besprechung hervorstechen, ist das ein entscheidender Weg, um in Erinnerung zu bleiben und Ihr "Ansehen" in den Augen der anderen zu steigern. Ich habe Hunderte von Meetings geleitet und es sind immer die Leute, die sich zu Wort melden, an die ich mich erinnere (manchmal aus den falschen Gründen, aber dazu kommen wir gleich).

Es sind immer die Menschen, die sich zu Wort melden, an die man sich erinnert.

Hier sind sieben Grundsätze, die dafür sorgen, dass Sie aus den richtigen Gründen auffallen:

Behandeln Sie jedes Treffen wie eine Mischung aus einem ersten Date und einem Vorstellungsgespräch. Nutzen Sie alles, was Sie in diesem Buch lernen. Erscheinen Sie pünktlich und bereit zum Aufbruch. Kleiden Sie sich beeindruckend und bereiten Sie sich darauf vor, Ihre Gedanken zu präsentieren.

Seien Sie proaktiv, nicht reaktiv. Ein häufiger Vorwurf von Personalchefs ist, dass ihre Teammitglieder nicht proaktiv sind. Sie warten auf Anweisungen, anstatt die Initiative zu ergreifen. Das bedeutet, dass Sie sich "einfach" dadurch auszeichnen können, dass Sie die Ausnahme sind. Proaktiv zu sein, erfordert jedoch eine gewisse Bandbreite, und Bandbreite bedeutet, gut vorbereitet zu sein - Sie können die Chancen nicht erkennen, wenn Ihre ganze Aufmerksamkeit darauf gerichtet ist, die Agenda zu überfliegen, die Sie in letzter Minute geöffnet haben.

Seien Sie persönlich und sympathisch. Virtuelle Kommunikation, die vor einem Computer stattfindet, ist von Natur aus unpersönlich, daher müssen Sie absichtlich besonders persönlich sein. Dies ist eine der Möglichkeiten, wie Sie "durch die Tür sprechen". Lassen Sie Ihre Persönlichkeit durch den Computerbildschirm scheinen. Seien Sie nicht unerreichbar professionell, sondern angemessen verletzlich und lassen Sie Unvollkommenheiten durchscheinen.

Lassen Sie Ihre Persönlichkeit durch den Computerbildschirm scheinen.

Persönlich zu sein bedeutet auch, ein echtes Interesse an den anderen Teilnehmern zu haben.

Stellen Sie Fragen. Erinnern Sie sich an wichtige Details. Zeigen Sie Einfühlungsvermögen. Seien Sie ermutigend. Ich könnte dieses Prinzip (und viele andere in diesem Buch) umformulieren, indem ich sage: "Verfügen Sie über eine hohe emotionale Intelligenz", was der Schwerpunkt meines Buches *"Verbinden durch emotionale Intelligenz"* ist. Emotionale Intelligenz ist wohl die wichtigste Eigenschaft für den Berufstätigen von heute, aber sie ist auch ein Bereich, in dem *jeder* wachsen kann.

Denken Sie daran, dass Sie auf der Bühne stehen. Behandeln Sie jeden Moment des Treffens so, als ob Sie von allen beobachtet werden - denn das werden Sie. Wenn Sie Ihre Kamera ausschalten, ändert das nichts daran, sondern bedeutet nur, dass Sie dem "Publikum" den *Rücken zugekehrt haben*. Das muss aber nicht einschüchternd sein. Alle anderen sind auch auf der Bühne! Aber es bedeutet, dass Sie alles durch die Linse der Frage betrachten: "Wie wird das von anderen wahrgenommen werden?"

Ich habe bereits darüber gesprochen, wie Sie sich kleiden, und ich werde in Kapitel 12 auf die Bedeutung Ihres Setups (Kamera, Beleuchtung, Kulisse usw.) eingehen. Achten Sie außerdem darauf, dass Sie Ihre *Handlungen danach* filtern, wie sie vom "Publikum" gesehen werden. Das geht so: Ich hatte einen Freund, der in der High School bei McDonald's arbeitete. Dort gab es ein spezielles Handwaschbecken im Hinterzimmer, das man nach dem Toilettengang benutzen musste. Das bedeutete, dass er sich zweimal die Hände waschen musste, zuerst auf der Toilette und dann noch einmal im Hinterzimmer.

Bringen Sie etwas Pep in die Sache. Professionell ist nicht gleichbedeutend mit *vorhersehbar*. Was macht Sie besonders? Wodurch heben Sie sich von der Masse ab? Ich trage immer die verrückten Socken, die mein Sohn mir kauft - Big-Foot-Socken, Superhelden-Socken, Pizza-Socken ... Sie wissen schon, was ich meine - selbst im Anzug und selbst wenn das Publikum sie nicht sehen kann. Ich weiß, dass sie da sind, und das macht den Unterschied aus. Erzählen Sie Vaterwitze? Die Leute werden vielleicht stöhnen, aber sie werden sich daran erinnern. Haben Sie einen Akzent? Verstecken Sie ihn nicht. Oder gibt es etwas Einzigartiges in Ihrer Geschichte, das erwähnenswert ist? Ich liebe die Reaktionen, die ich bekomme, wenn ich erzähle, dass meine Mutter und mein Vater Drogendealer waren, die auf den rechten Weg gekommen sind und eine gemeinnützige Mission in Mexiko gegründet haben. Moment mal, was? Wahre Geschichte. Oder wenn Sie eine besondere Fähigkeit oder ein besonderes Hobby haben, sollten Sie sich nicht scheuen, es zu erwähnen. Ich kenne einen Berater, der einen nationalen Preis für Hundezucht gewonnen hat.

Du hast etwas Einzigartiges an dir. Verstecken Sie es nicht.

Du hast etwas Einzigartiges an dir. Verstecken Sie es nicht.

Ziehen Sie Qualität der Quantität vor. Was, glauben Sie, wird Sie mehr auffallen lassen: fünfzig langweilige Kommentare oder eine aufschlussreiche Beobachtung, die so gut ist, dass die Vortragende fragt, ob sie sie in Zukunft verwenden kann? Reden Sie nie nur, um gehört zu werden. Sprechen Sie, um einen Punkt zu machen. Wo wir gerade dabei sind...

Haben Sie immer einen großen Punkt. Was macht eine einprägsame Bemerkung aus, die wahrgenommen wird? Es ist die Fähigkeit, eine Menge Reden auf eine einzige Idee zu konzentrieren. Eine gute Strategie ist es, als Letzter zu sprechen. Wenn Sie den anderen aufmerksam zuhören, können Sie mehrere Ideen zu einer klaren und einprägsamen Aussage zusammenfassen.

VIRTUELLE ETIKETTE

Natürlich möchte man nicht aus den falschen Gründen in Erinnerung bleiben - wie die Dame, die ihr Mikrofon nicht stummgeschaltet hat, bevor sie eine ehrliche (und farbenfrohe) Bewertung des Vizepräsidenten ihres Unternehmens abgab. Sie ist nicht mehr im Unternehmen tätig.

Ich behandle mehrere dieser Elemente der Etikette für virtuelle Meetings an anderer Stelle in diesem Buch, aber es ist hilfreich, sie an einer Stelle gesammelt zu haben:

- Testen Sie Ihr System im Voraus, damit Sie wissen, wie alles funktioniert (wir werden dies in Kapitel 13 behandeln).

- Seien Sie nicht die Person, auf die alle anderen warten müssen.

- Schließen Sie alle nicht mehr benötigten Dateien und Anwendungen.

Geben Sie Ihren Bildschirm nicht frei, ohne die oben genannten Punkte zu überprüfen - Sie könnten versehentlich den falschen Bildschirm freigeben.

- Vergewissern Sie sich, dass Ihre Haustiere ordnungsgemäß verstaut sind und jeder im Haus weiß, dass Sie in einer Besprechung sind.

- Verwenden Sie keine kindertauglichen Filter oder Kulissen (am besten schaffen Sie einen professionellen Raum und verzichten auf die virtuelle Kulisse, siehe Kapitel 13). • Gehen Sie davon aus, dass das Mikrofon und die Kamera eingeschaltet sind (so mancher denkwürdige Moment wurde von einer Kamera oder einem Mikrofon eingefangen, die "aus" waren).

- Bewegen Sie Ihre Kamera nicht hin und her und gehen Sie vor allem nicht während der Besprechung spazieren.

- Bringen Sie Ihr Telefon zum Schweigen oder (besser) lassen Sie es in einem anderen Raum.

- Schauen Sie nicht auf Ihr Telefon, wenn andere sprechen.

Behandeln Sie andere mit demselben Respekt, den Sie sich wünschen würden - "bitte" und "danke" sind immer noch angebracht!

- Beginnen Sie keine Kaninchenpfade und setzen Sie diese nicht fort.

- Seien Sie kurz und bündig.

- Verdrehen Sie nicht die Augen und fluchen Sie nicht.

Melden Sie sich am Ende einer Frage oder eines Kommentars mündlich ab ("Das ist alles, danke" oder "Sonst noch jemand?")

- Unterbrechen Sie andere nicht - benutzen Sie stattdessen die Chatbox (siehe unten).

NICHT UNTERBRECHEN, EINWERFEN

Manche Diskussionen sind von Natur aus mit viel Hin und Her verbunden. Ein striktes "Unterbrechungsverbot" in einer Brainstorming-Sitzung könnte beispielsweise die Kreativität ersticken. In solchen Situationen lautet meine Regel: "Nicht unterbrechen, einwerfen". Das meine ich folgendermaßen. Ich habe in der High School Fußball gespielt, und es ist ein gewaltiger Unterschied, ob man den Ball einem Mitspieler zuspielt, der ihn näher ans Tor bringen kann, oder ob man ihn dem Gegner klaut.

Unterbrechen ist dasselbe wie den Ball zu stehlen. Die andere Person hat die Diskussion an eine bestimmte Stelle geführt, und jetzt führen Sie sie an eine andere Stelle. Sie haben gezeigt, dass Ihr Ziel ein anderes ist als das der anderen Person, und haben sie effektiv zu Ihrem Gegner gemacht. Eine Einmischung ist eher so, als würden Sie einen Pass verlangen. Sie und die andere Person arbeiten gemeinsam an demselben Ziel, und Sie sind der Meinung, dass Sie einen anderen Ansatz haben, der allen Beteiligten helfen kann, dem Ziel näher zu kommen.

Anders ausgedrückt: Unterbrechen ändert das Thema und sagt: "Ich übernehme", während das Einwerfen sagt: "Ich bin bei dir" und darauf aufbaut. Wenn Sie also in einer Diskussion eine großartige, *neue* Idee haben, schreiben Sie sie für später auf. Wenn Sie jedoch zu dem, was gesagt wird, etwas beitragen können und das Format der Besprechung dies zulässt, sollten Sie sich respektvoll einmischen.

Das Unterbrechen ändert das Thema und sagt: "Ich übernehme", und das Einwerfen sagt: "Ich bin bei dir" und baut darauf auf.

Dies ist übrigens ein guter Rat für die Kommunikation in Beziehungen.

RISIKEN EINGEHEN

Wir sind soziale Wesen und fürchten Spott und Ausgrenzung fast mehr als körperliche Schäden. Das ist nicht unbedingt schlecht. Es hilft uns, zusammenzuarbeiten und "nett zu sein". Aber es hält uns auch davon ab, den Mund aufzumachen, selbst wenn wir etwas zu sagen haben. Dieser Effekt ist noch ausgeprägter, wenn der Vorgesetzte anwesend ist. Ein Autor der Harvard Business Review erzählte, wie er hörte, wie ein Mitarbeiter zu einem anderen sagte: "Wenn ich dem Direktor sage, was die Kunden sagen, ist meine Karriere im Eimer."[xxiii] Wie bitte? Das ist genau die Art von Informationen, die das Management braucht. Aber typisch menschliches Verhalten ist von Selbsterhaltung getrieben: "Im Zweifelsfall sollte man den Mund halten." Aber um sich abzuheben, sollte man kalkulierte Risiken eingehen.

Um sich abzuheben, muss man Risiken eingehen.

Niemand hat sich jemals hervorgetan, indem er auf Nummer sicher ging. Wenn Sie wahrgenommen werden wollen, wenn Sie das Gespräch verändern wollen, wenn Sie Ihre Ideen in die Welt bringen wollen, müssen Sie Risiken eingehen. Und um Risiken einzugehen, muss man auch mit Misserfolgen leben können. Wenn Sie ein zielstrebiger, unternehmerisch denkender Mensch sind, dann können Sie bereits mit Misserfolgen und Risiken umgehen - wenden Sie das jetzt auf virtuelle Meetings an. Nehmen Sie in Kauf, dass Sie gelegentlich aus der Reihe tanzen oder ins Fettnäpfchen treten. Solange Sie aus Ihren Fehlern lernen, sind Sie auf der sicheren Seite. Wie John Maxwell sagt: "Manchmal gewinnst du, manchmal lernst du". Haben Sie den Mut, Risiken einzugehen, sich zu äußern und hervorzustechen.

Apropos Mut: Alles zu leiten erfordert Mut. Das Ziel des letzten Abschnitts war es, Ihnen zu helfen, das Beste aus den virtuellen Meetings herauszuholen, an denen Sie teilnehmen. Das Ziel des nächsten Abschnitts ist es, Ihnen zu helfen, das meiste aus den von Ihnen geleiteten Sitzungen *herauszuholen*. Um das zu erreichen, müssen Sie bereit sein, das zu tun, was andere nicht tun wollen oder können. Der Unterschied zwischen einer mittelmäßigen und einer großartigen Besprechung liegt in der Führung. Sind Sie bereit, zu übernehmen und zu führen?

TEIL DREI: **FÜHRUNG**

Sie haben acht Sekunden Zeit, um die Aufmerksamkeit Ihres Publikums zu gewinnen.

Kapitel 6

Vorbereiten auf den Erfolg

Kürzlich nahm ich an einer Internet-Telefonkonferenz teil, die folgendermaßen begann:

"In Ordnung, also. Ähm, alles klar. Mal sehen, ich habe das an. Ähm... In Ordnung, also... ich sehe, dass ein paar Leute reinkommen... Oh, Mist. Mein PowerPoint. Ähm, mal sehen. Wenn ich das mache..."

Schmerzhaft. Und eine Verschwendung von jedermanns Zeit. Der einzige Grund, warum ich blieb, war, dass ich gebeten worden war, die Sitzung zu bewerten.

Die meisten Zoom-Moderatoren und -Moderatorinnen scheinen nicht zu begreifen, dass das Einschalten der Kamera so ist, als würde man für eine Rede ans Rednerpult treten. Ob es Ihnen gefällt oder nicht, das ist die Einleitung Ihrer Präsentation. Wie bei jeder Rede beginnt die Uhr sofort zu ticken:

- Sie haben acht Sekunden Zeit, um die Aufmerksamkeit Ihres Publikums zu gewinnen.

- Sie haben dreißig Sekunden Zeit, um einen ersten Eindruck zu hinterlassen.

  Sie haben zwei Minuten Zeit, um Interesse zu wecken.

Wenn Sie ihnen nicht in den ersten fünf Minuten einen Grund geben, Ihnen ihre Aufmerksamkeit anzuvertrauen, werden sie anfangen, ihre E-Mails zu checken und versuchen, "richtige Arbeit" zu erledigen.

Sie haben acht Sekunden Zeit, um die Aufmerksamkeit Ihres Publikums zu gewinnen.

VORBEREITUNG MACHT DEN MEISTER

Ich liebe Vorbereitung. Ich tue es vielleicht nicht immer, aber ich fühle mich immer besser, wenn ich es tue. Vorbereitung vergrößert den Spielraum in meinem Leben und verringert den Stress. Indem ich alles vorbereite, worauf ich mich vorbereiten kann, schaffe ich geistigen Freiraum für die anstehende Aufgabe - und für die Dinge, die unweigerlich schiefgehen können.

Die Vorbereitung erhöht Ihren Spielraum und verringert Ihren Stress.

Wenn es darum geht, einen Vortrag zu halten oder eine Besprechung zu leiten, ist die Vorbereitung das A und O, und das beginnt schon, bevor Sie die Einladungen verschicken. Das war schon immer so, aber die virtuelle Kommunikation macht es den Teilnehmern leichter, sich abzumelden, so dass es noch wichtiger ist, sie bei der Stange zu halten. Sie können sich beschweren, so viel Sie wollen, und sagen: "Sie werden für ihre Teilnahme bezahlt - ich sollte sie nicht unterhalten müssen!" Aber das wird nichts ändern. Sie sind dafür verantwortlich, dass die Menschen bei der Stange bleiben, und wenn Sie diese Schritte befolgen, werden Sie genau das erreichen.

Virtuelle Kommunikation macht es den Teilnehmern leichter, sich abzumelden, daher ist es umso wichtiger, sie bei der Stange zu halten.

1. EIN KLARES ZIEL DEFINIEREN.

Die wichtigste Frage, die Sie beantworten müssen, lautet: "Warum treffen wir uns?" Welchen Zweck verfolgen Sie damit, dass Sie einen Teil der Zeit aller Teilnehmer in Anspruch nehmen? Was sind die Messgrößen für den Erfolg? Ich weiß, das klingt offensichtlich, aber so viele Moderatoren *bekommen* nicht, was sie wollen, weil sie nicht *wissen,* was sie wollen.

Die Moderatoren bekommen nicht, was sie wollen, weil sie nicht wissen, was sie wollen.

2. DIE ART DES TREFFENS ZU BESTIMMEN.

Ihr Zweck bestimmt die Art der Besprechung, die Sie abhalten werden. Wenn Sie z. B. eine Informationssitzung als Brainstorming-Sitzung abhalten, können Sie die notwendigen Informationen nicht auf eine maßgebliche Weise vermitteln. Wenn Sie dies richtig machen, werden Ihre Besprechungen zielgerichtet sein und zu Ergebnissen führen. Wenn Sie es falsch anpacken, werden sie zu einem Zeitfresser. Dies sind die sieben grundlegenden Arten von Besprechungen, die ich identifiziert habe:

- Informativ
- Motivierende
- Überzeugend
- Kollaborativ
- Exekutive
- Nachbesprechung und Feedback
- Networking und Verbindungen

Im nächsten Kapitel beschreibe ich jede dieser Veranstaltungen und ihre besonderen Herausforderungen - und Chancen - wenn sie virtuell stattfinden.

3. ENTSCHEIDEN, WER TEILNEHMEN MUSS.

Je nach Art der Besprechung sollten Sie sich auf diejenigen beschränken, die einen sinnvollen Beitrag leisten können, oder die Teilnehmerzahl so weit wie möglich ausdehnen. Generell gilt: Je mehr Ihre Besprechung darauf abzielt, eine Aufgabe zu erfüllen oder Ideen zu entwickeln, desto sorgfältiger sollten Sie Ihre Teilnehmer auswählen. Jeff Bezos, der Gründer von Amazon, war bekannt für seine "Zwei-Pizza-Regel": Teams sollten so klein sein, dass sie von zwei Pizzen satt werden. Und warum? Weniger Teilnehmer bedeuten schnellere Entscheidungen und weniger Gruppendenken.

Weniger Mitarbeiter bedeuten schnellere Entscheidungen und weniger Gruppendenken.

Wenn der Zweck Ihres Treffens jedoch darin besteht, zu motivieren oder zu informieren, können Sie das Netz viel weiter spannen. Aber laden Sie nicht einfach Leute ein, wenn es keinen triftigen Grund gibt, warum sie dabei sein sollten. Werden sie dieses Treffen als etwas ansehen, das ihre Ziele fördert oder behindert?

Ich habe vor kurzem ein Interview mit Carter Malloy, dem CEO von AcreTrader, geführt, und er sagte, er begrüße es, wenn Mitarbeiter sich aus Sitzungen "entlassen", die für ihre Aufgaben und Verantwortlichkeiten irrelevant sind. Wenn sie nicht wissen, *warum* sie dabei sein müssen, dann müssen sie es auch nicht. Wie viel Zeit und Geld würde Ihr Unternehmen mit diesem Ansatz einsparen?

4. ERSTELLEN SIE DIE TAGESORDNUNG.

Wie wir später noch sehen werden, ist eine Tagesordnung wohl das wichtigste Werkzeug eines Moderators. Die Tagesordnung ermöglicht es Ihnen, Ihre Besprechung zielgerichtet zu gestalten und alle Teilnehmer bei der Stange zu halten. Sie muss von Ihrem Ziel in #1 geleitet und von der Art des Meetings, das Sie leiten, geprägt sein.

Eine Tagesordnung ist wohl das wichtigste Instrument eines Moderators.

Gleichzeitig sollten Sie die Tagesordnung nicht komplizierter machen als nötig. Eine "Meet and Greet"-Agenda könnte so aussehen:

Zweck: Neue Mitglieder in das Team einführen.

16:00 Uhr: Begrüßung der Teilnehmer und Anpreisung neuer und bestehender Mitglieder.

16:10 Uhr: Bitten Sie alle, sich vorzustellen, und führen Sie dann einen gezielten Smalltalk.

16.30 Uhr: Schließen

Es muss nicht einmal so detailliert sein. Die Zeiten zum Beispiel sind nur ein Hilfsmittel, um alle auf dem Laufenden zu halten - vor allem, wenn Sie wie ich gerne reden. Eine Tagesordnung kann aber auch so einfach sein wie eine Aufzählung der zu behandelnden Themen.

Warum sollten Sie die Tagesordnung erstellen, bevor Sie die Einladungen verschicken? Zunächst einmal, um sicherzustellen, dass Sie sie auch wirklich ausfüllen. Außerdem hilft Ihnen die Erstellung der Tagesordnung dabei, Ihren Zweck zu verfeinern, Ihre Einladungsliste zu bewerten und die Dauer der Besprechung besser einzuschätzen. Am wichtigsten ist jedoch, dass eine schriftliche Tagesordnung die gefürchtetste Art von Besprechung verhindert: die "Besprechung, nur um sich zu treffen". Übrigens, wenn die Erstellung der Tagesordnung dazu führt, dass Sie die Besprechung absagen, ist das für alle ein Gewinn!

5. STELLEN SIE DIE UHRZEIT UND DAS DATUM EIN.

Setzen Sie das Treffen erst an, wenn Sie wissen, wer daran teilnehmen muss. Warum? Weil Sie sich daran orientieren können, wie sehr Sie sich bemühen werden, konkurrierende Zeitpläne zu berücksichtigen. Es ist besser, eine Person dabei zu haben, deren Einblicke immer von unschätzbarem Wert sind, als fünf Personen, die die ganze Zeit auf ihren Handys scrollen.

Wählen Sie Datum und Uhrzeit strategisch aus. Studien haben gezeigt, dass Montag und Dienstag für die meisten Menschen die produktivsten Tage der Woche sind. Es überrascht nicht, dass die Produktivität zum Ende der Woche hin abnimmt. Ebenso sind die Menschen am Morgen konzentrierter als am Nachmittag.

Im Folgenden erfahren Sie, wie Sie diese Informationen für die Festlegung der Uhrzeit und des Datums verwenden können. Stellen Sie sich vor, dass Sie die Kosten für jeden Teilnehmer danach richten, wann das Treffen stattfindet. Montag- und Dienstagvormittag sind am teuersten. Mittagessen und Freitagnachmittag sind am günstigsten. Müssen Sie für Ihre Besprechung für die Premium-Zeit bezahlen? Bei einigen Besprechungen ist dies der Fall, insbesondere bei Besprechungen, in denen die Tagesordnung für die Woche festgelegt wird oder die ein hohes Maß an Konzentration erfordern. Bei anderen Besprechungen, wie z. B. "Meet and Greet", ist dies nicht der Fall.

Übrigens ist das nicht nur ein Akt der Fantasie. Nicht Zeit ist Geld, sondern Zeit x Effizienz. Eine Besprechung mit niedriger Priorität während der Zeit, in der jemand am effizientesten arbeitet, raubt ihm oder dem Unternehmen effektiv Geld.

Eine Besprechung mit niedriger Priorität während der Zeit, in der jemand am effizientesten arbeitet, raubt ihm oder dem Unternehmen effektiv Geld.

6. DIE SITZUNG ANZUSETZEN.

Es ist endlich an der Zeit, den Abzug zu betätigen. Wenn Sie die Einladungen verschicken, sollten Sie nicht nur die Tagesordnung beifügen, sondern auch eine "Absichtserklärung" in den Text der E-Mail aufnehmen. Indem Sie so klar und spezifisch wie möglich sind, schaffen Sie die Voraussetzungen für den Erfolg. Nennen Sie nicht nur das Wann und *Was*, sondern auch das *Warum* und *Wie der Vorbereitung*. Beispiele:

> "Unsere neue Projektmanagement-Software wird alles verändern... aber es wird eine gewisse Lernkurve geben. Am Donnerstag werden wir eine obligatorische Schulungssitzung abhalten, damit wir alle auf dem gleichen Stand sind.

> "Es ist Ihre Lieblingszeit im Jahr - die Haushaltssitzung! Bitte schicken Sie mir Ihre Vorschläge bis nächsten Dienstag, damit ich sie rechtzeitig verteilen kann."

> "Diesen Freitag veranstalten wir eine virtuelle Happy Hour, um unsere neuen Mitarbeiter zu begrüßen. Schnappen Sie sich Ihr Lieblingsgetränk und zeigen Sie ihnen, wie es wirklich ist, bei Acme zu arbeiten!"

Nennen Sie nicht nur das Wann und Was, sondern auch das Warum und Wie der Vorbereitung.

Je nach Art des Treffens sollten Sie spezifische Fragen einfügen, die Sie stellen werden. Überlegen Sie auch, ob Sie "Zusatzmaterial" mitschicken können, z. B. einen hilfreichen Blog über Brainstorming oder eine Biografie des Gastredners. Seien Sie sich darüber im Klaren, ob es sich um empfohlenes oder obligatorisches Material handelt (und seien Sie bereit, die Teilnehmer zur Einhaltung dieser Vorgaben anzuhalten).

Die Einladung sollte klare Anweisungen darüber enthalten, welche Plattform Sie verwenden werden, was die Teilnehmer mitbringen müssen und wie sie an dem Treffen teilnehmen können. Schicken Sie entweder einen Link oder teilen Sie den Teilnehmern mit, wann Sie das tun werden. Und natürlich sollten Sie dafür sorgen, dass das Treffen privat und/oder passwortgeschützt ist, um Schleicher fernzuhalten.

Und noch etwas: Sagen Sie deutlich, dass Sie pünktlich beginnen werden, und ermutigen Sie sie, ein paar Minuten früher zu kommen, falls es "technische Schwierigkeiten" gibt. Technische Schwierigkeiten sind die Staus der virtuellen Kommunikation - planen Sie immer zusätzliche Zeit ein, um sie zu berücksichtigen.

Technische Schwierigkeiten sind die Staus der virtuellen Kommunikation - planen Sie immer zusätzliche Zeit ein, um sie zu berücksichtigen.

WAS ERWARTEN SIE?

Haben Sie das Gefühl, dass Sie jetzt bereit für ein Treffen sein sollten?

Nicht ganz.

Nachdem Sie Ihren Zweck definiert, die Art der Besprechung festgelegt, entschieden haben, wer daran teilnehmen soll, die Tagesordnung erstellt, die Uhrzeit und das Datum festgelegt und die Besprechung geplant haben, ist es *nun an der* Zeit, Ihre Erwartungen an die Besprechung zu formulieren.

Warum? Weil die Teilnehmer die Erwartungen, die Sie nicht kommunizieren, nicht erfüllen können. Das klingt offensichtlich, aber ich habe es immer wieder beobachtet. Die Moderatoren versäumen es, Erwartungen zu formulieren und zu kommunizieren, und sind dann frustriert über die Teilnehmer! Vielleicht habe ich zum Beispiel erwartet, dass die Teilnehmer meines Informationstreffens mit mir über den Chat interagieren, aber sie haben es nicht getan, weil ich diese Erwartung nicht formuliert habe.

Unausgesprochene Erwartungen werden zu unerfüllten Erwartungen, die wiederum zu Frustrationen führen.

60-Sekunden-Fix

Möchten Sie, dass Ihr Team oder die Teilnehmer über die Chat-Funktion interagieren? Legen Sie die Erwartung frühzeitig fest und bitten Sie zunächst um eine einfache Interaktion. Sie können zum Beispiel zu Beginn der Sitzung sagen: "Ich möchte wirklich, dass sich alle über den Chat beteiligen, also lassen Sie uns jetzt alle üben. Gebt ein, wo ihr geboren seid." Dann sollten Sie die Antworten der Teilnehmer kommentieren. Kommt Ihnen das bekannt vor? Ich bin sicher, dass Sie diesen Trick schon bei vielen professionellen Webinaren gesehen haben.

Der springende Punkt ist, dass Sie die Erwartungen nicht festlegen können, wenn Sie nicht wissen, was sie sind. Sie kennen bereits den Zweck des Treffens, aber was wollen Sie von den Teilnehmern, um diesen Zweck zu erreichen? Hier sind einige mögliche Beispiele:

- Studieren Sie die Tagesordnung im Voraus.
- Kommen Sie mit fünf Ideen oder Fragen zu dem Treffen.
- Lassen Sie die Kamera an und das Mikrofon aus (oder an!).
- Sie schauen nicht auf ihr Telefon.
- Unterbrechen Sie mit klärenden Fragen
- Nicht mit Fragen unterbrechen, sondern auf Q & A warten.
- Geben Sie Feedback im Chat.
- Machen Sie sich Notizen.
- Nutzen Sie die nonverbale Kommunikation (Nicken, Daumen hoch
- usw.) Beantworten Sie Ihre Fragen.

Ist Ihnen aufgefallen, dass viele der oben genannten Erwartungen widersprüchlich sind? Man kann einfach nicht erwarten, dass jeder intuitiv weiß, was man will. Angesichts dieser Ungewissheit werden die meisten Menschen die sicherste Option wählen, nämlich nichts zu tun. Wenn Sie Ihre Erwartungen zum Ausdruck bringen, erhalten die Teilnehmer Gewissheit.

Teilen Sie Ihre Erwartungen vor und zu Beginn des Treffens mit. Sie können diese Erwartungen dann in *umsetzbare* Erwartungen umwandeln. Im Laufe der Zeit schaffen konsequent angewandte Erwartungen dann eine Kultur. Erinnern Sie die Teilnehmer im Laufe der Besprechung immer wieder an diese Erwartungen. Sie müssen z. B. wissen, dass Sie wollen, dass sie auch Fragen stellen. **Konsequent angewandte Erwartungen schaffen Kultur.**

Das Komische daran ist, dass Sie dieses Prinzip wahrscheinlich schon kennen, aber wir übertragen es nicht immer auf virtuelle Meetings.

Wie ich bereits sagte, gelten viele dieser Informationen für persönliche Besprechungen ebenso wie für virtuelle. Wenn Sie diese Grundsätze anwenden, werden Ihre Besprechungen besser werden. Das gilt auch für das nächste Kapitel, aber ich werde Ihnen auch zeigen, wie virtuelle Kommunikation Ihre Besprechungen tatsächlich *besser* machen kann als persönliche.

Es gibt nur wenige Dinge, die so unterhaltsam und produktiv sind wie eine gut geführte Zusammenkunft großer Geister.

Kapitel 7

Kennen Sie Ihre Meetings

Vor Jahren wurde ich als Präsident einer gemeinnützigen Organisation angestellt, die Millionen von Dollar Schulden, einen schwindenden Kundenstamm und eine Reihe anderer Probleme hatte. Die Vorstandssitzungen dauerten in der Regel mehr als fünf Stunden und waren nicht sehr effektiv. Die erste Stunde - oder vielleicht zwei - wurde damit verbracht, "Kontakte zu knüpfen", gefolgt von irgendeiner Art von Schulung oder Diskussion. Wenn es dann darum ging, wirklich kritische Entscheidungen zu treffen, ließ die Aufmerksamkeitsspanne aller Beteiligten bereits nach und die Teilnehmer waren zunehmend abgelenkt. Der Mangel an emotionaler Energie ermöglichte es dem Vorstand, sich leicht von kleinen Problemen ablenken zu lassen, die von den Mitarbeitern hätten erledigt werden können.

Hier ist das Problem. Sie versuchten, drei Sitzungen in einer abzuhalten - eine Beziehungs-, eine Informations- und eine Führungssitzung - und keine davon war gut. Ich habe das Problem gelöst, indem ich ein hartes Drei-Stunden-Limit durchgesetzt habe. Danach stand ich buchstäblich auf und sagte: "Danke, dass Sie gekommen sind. Wir sehen uns nächsten Monat!" Plötzlich widmeten sich alle ernsthaft unserem Hauptzweck: Entscheidungen auf höchster Ebene zu treffen, die nur der Vorstand treffen kann.

Wenn Sie wissen, welche Art von Meeting Sie leiten und es entsprechend strukturieren, wird dies den Unterschied zwischen Erfolg und Misserfolg ausmachen. Wenn Sie dies richtig machen, werden die Teilnehmer gerne zu Ihrem Treffen kommen, weil sie wissen, dass sie etwas davon haben werden.

Wenn Sie wissen, welche Art von Meeting Sie leiten, wird dies den Unterschied zwischen Erfolg und Misserfolg ausmachen.

VORFRAGEN

Verschiedene Experten werden die verschiedenen Arten von Treffen unterschiedlich kategorisieren, und die Grenzen zwischen ihnen werden verschwimmen, so dass meine sieben Punkte nicht das letzte Wort sind.[xxiv]

Sie sollen Ihnen einen guten Rahmen bieten, der auf Ihre spezifischen Bedürfnisse zugeschnitten werden kann. Stellen Sie sich zunächst die folgenden zwei grundlegenden Fragen:

1. Besteht der Zweck dieses Treffens darin, a) Informationen auszutauschen oder b) Maßnahmen einzuleiten?
2. Soll dieses Treffen a) teilnehmerorientiert (interaktiv und mit der Bitte um Beiträge) oder b) moderatorenorientiert (nicht interaktiv) sein?

Ich werde diese in einer Minute erläutern, aber machen Sie nicht den Fehler zu glauben, dass es eine "richtige" Antwort gibt - es gibt eine Zeit und einen Ort für jede Art. Zum Beispiel scheinen die Leute zu denken, dass "interaktiv immer am besten ist", aber wenn ich einem TED-Vortrag zuhöre, ist das Letzte, was ich möchte, dass Brené Brown von jemandem unterbrochen wird, der von seinem Lieblingshasen erzählt.

Sicherlich haben Sie auch bemerkt, dass es sich nicht unbedingt um Entweder-Oder-Fragen handelt. Es handelt sich eher um zwei sich überschneidende Kontinua:

Vor diesem Hintergrund werden hier die sieben grundlegenden Arten von Sitzungen vorgestellt:

1. **Informativ**
2. **Motivierende**
3. **Überzeugend**
4. **Kollaborativ**
5. **Exekutive**
6. **Nachbesprechung und Feedback**
7. **Networking und Verbindungen**

Und hier ist die *ungefähre* Position in der Grafik:

Auf der linken Seite befinden sich die auf den Vortragenden ausgerichteten Meetings. Das bedeutet nicht, dass es in der Besprechung um den Vortragenden geht. In der Tat geht es bei Meetings immer um die Teilnehmer, nie um den Vortragenden (Seifenkistenwarnung!). Das ist einer der sieben Grundsätze in meinem Buch *"Sprechen ohne Angst" (Speak With No Fear)*. Ihre Aufgabe ist es immer, den Zuhörern/Teilnehmern zu dienen. Die Frage ist, ob der *Inhalt* vom Redner oder von den Teilnehmern kommt. Anders ausgedrückt: Werden Sie eher Inhalte *präsentieren* oder Diskussionen *moderieren*?

Sowohl bei **motivierenden** als auch bei **überzeugenden** Meetings *liegt der Schwerpunkt* also *auf dem Vortragenden, d. h. auf dem* Material, das er (der Vortragende) mitbringt. Bei **überzeugenden** Besprechungen geht es jedoch darum, die Teilnehmer zum Handeln zu bewegen, d. h. sie dazu zu bringen, etwas zu kaufen oder zu übernehmen. Bei **motivierenden** Besprechungen hingegen geht es darum, die Teilnehmer zum Denken oder Fühlen zu bewegen.

Wie wir noch sehen werden, können Informationsveranstaltungen *entweder* auf den Vortragenden (ein TED-Vortrag), auf die Teilnehmer (eine Diskussion am runden Tisch) oder auf irgendetwas dazwischen (wie ein interaktiver Workshop) ausgerichtet sein.

Die übrigen Sitzungen sind eindeutig *auf die Teilnehmer ausgerichtet*. Ihre Aufgabe in diesen Besprechungen ist es, die Diskussion zu moderieren, d. h. den *Teilnehmern* zu helfen, *ihre* Inhalte zu vermitteln. Das bedeutet übrigens nicht, dass diese Besprechungen einfacher sind - ich investiere mehr Arbeit in teilnehmerorientierte Besprechungen.

Bei kollaborativen Besprechungen (z. B. Brainstorming) liegt der Schwerpunkt eher auf der Entwicklung und dem Austausch von Ideen, während bei Besprechungen mit **Führungskräften** (hier definiert im Sinne von "Ausführung eines Plans" im Gegensatz zu "Personen mit Befugnissen") der Schwerpunkt auf der Entscheidungsfindung und der Erstellung eines Aktionsplans liegt. Die **Nachbesprechung und das Feedback** sind insofern einzigartig, als sie mit einer Bewertung (Information) beginnen und mit Entscheidungen für das nächste Mal (Aktion) enden. **Networking and**

Connections schließlich ist am weitesten von Aktionen entfernt - bei diesen Treffen wird nichts *unternommen* (aber sie sind entscheidend für zukünftige Aktionen).

60-Sekunden-Fix

> *Eine einfache Möglichkeit, um zu kommunizieren, ob Ihre Besprechung eher auf den Vortragenden oder auf die Teilnehmer ausgerichtet ist, besteht darin, die Redneransicht für Erstere und die Galerieansicht für Letztere zu verwenden. Eigentlich ist es nur eine Sache von einer Sekunde (ein Klick auf eine Schaltfläche), aber es wird den Ton entscheidend beeinflussen. Entscheiden Sie sich vor Beginn Ihrer Besprechung, welche Ansicht Sie verwenden möchten und warum.*

Lassen Sie uns nun auf die einzelnen Arten von Besprechungen eingehen und insbesondere darauf, wie sich die virtuelle Kommunikation auf sie auswirkt.

1. INFORMATIONEN

Der Zweck eines solchen Treffens ist es, zu informieren, zu schulen oder zu lehren, aber es kann entweder auf den Vortragenden oder auf die Teilnehmer ausgerichtet sein (oder irgendwo dazwischen). Entscheiden Sie zunächst, welcher Zweck bei Ihnen im Vordergrund stehen soll. Man kann auch sagen, dass die Teilnahme in Form von *Input* oder *Interaktion* erfolgen kann. Es ist wichtig, den Unterschied zu verstehen:

Input bedeutet, dass die Teilnehmer zu den Inhalten beitragen. Dies ist ein zweischneidiges Schwert. Die Teilnehmer können eine großartige Perspektive haben und einen wichtigen Beitrag zu einer Informationsveranstaltung leisten. Aber diejenigen, die am wenigsten zu sagen haben, sind häufig auch am meisten zum Reden aufgelegt. Wenn Sie um Beiträge bitten, z. B. mit der Frage: "Hat jemand eine Idee?", sollten Sie einen Plan haben, wie Sie diese unter Kontrolle halten können, und den Mut, dies auch zu tun. Wir alle haben schon erlebt, dass Sitzungen von jemandem unterwandert wurden, der sich selbst gerne reden hört. In virtuellen Besprechungen ist es sogar noch wichtiger, die Kontrolle zu behalten, da es für die übrigen Teilnehmer einfacher ist, sich während des Gesprächs abzumelden und nicht mehr zurückzukehren.

Interaktion bedeutet, dass Sie Fragen und Übungen erstellen, die den Teilnehmern helfen, Ihre Inhalte zu verinnerlichen und in einen Zusammenhang zu bringen. Wenn Sie sich an einige Ihrer Lieblingsdozenten erinnern, haben sie wahrscheinlich viel Wert auf Interaktion gelegt. Das ist es, was ich in den meisten meiner Workshops tue, z. B. in "10 Speaking Skills in 60 Minutes". Ich interagiere mit den Teilnehmern, um das Lernen angenehmer zu gestalten und ihnen bei der Anwendung des Materials zu helfen, aber ich erwarte keinen Input. Ich lasse nicht zu, dass ein Teilnehmer die Sitzung mit seinen Kommunikationstheorien überfällt. Und die übrigen Teilnehmer wissen es sehr zu schätzen, dass ich die Sitzung unter Kontrolle und produktiv halte.

Halten Sie die Sitzungen unter Kontrolle, damit sie produktiv und für die meisten angenehm sind.

Entscheiden Sie bei der Planung der Informationsveranstaltung, wie viel Input und Interaktion Sie wünschen. Hier sind drei Faustregeln:

Nutzen Sie die Interaktion für komplizierte Informationen oder Ideen, die für einzelne Situationen kontextualisiert werden müssen. Bereiten Sie Diskussionsfragen und interaktive Übungen vor. Diese helfen den Teilnehmern nicht nur beim Lernen, sondern sind auch der beste Weg, ihr tatsächliches Verständnis zu messen. Und warum? Weil die meisten Menschen sagen werden, dass sie etwas verstehen, auch wenn sie es in Wirklichkeit nicht tun. Fragen zu stellen, bringt die Wahrheit ans Licht.

Bitten Sie um Beiträge, wenn die Teilnehmer sich mit dem Thema auskennen. Ich habe schon Sitzungen geleitet, bei denen die Teilnehmer mehr wussten als ich, und ich habe mehr gelernt als sie. Daran ist nichts auszusetzen - es sei denn, Sie sind zu stolz oder zu dumm, um zu fragen und zuzuhören!

Wenn es sich um ein einfaches Thema handelt, beschränken Sie die Interaktion auf bestimmte Frage- und Antwortzeiten. In solchen Situationen sage ich: "Heute werde ich mit Ihnen über X sprechen. Am Ende werden wir eine optionale Frage- und Antwortzeit haben, also geben Sie

Ihre Fragen in den Chat ein, während wir gehen. (Hinweis: Ich lege meine Erwartungen zu Beginn fest.) Die Leute, die die Informationen schnell verstehen, *lieben* mich dafür, dass ich ihnen die Qual der offensichtlichen Fragen erspare.

Ein weiterer wichtiger Punkt: Für diese Treffen gibt es keine Mindestdauer, aber sie sollten eine Höchstdauer haben. Wenn es alle "kapiert" haben, beenden Sie die Sitzung - ich verspreche Ihnen, dass sich niemand beschweren wird!

Wenn es alle verstanden haben, beenden Sie das Treffen - ich verspreche Ihnen, dass sich niemand beschweren wird!

VIRTUELLE HERAUSFORDERUNGEN UND CHANCEN

Die Herausforderung bei virtuellen Informationssitzungen besteht darin, dass die Teilnahme - insbesondere das Stellen von Fragen - nicht so natürlich und frei fließend ist. Sie müssen noch bewusster vorgehen, indem Sie Erwartungen formulieren ("Benutzen Sie die Chatbox", "Melden Sie sich zu Wort!" usw.) und die Teilnehmer zur Verantwortung ziehen. Mein Lieblingswerkzeug ist die *peinliche Pause*. Nutzen Sie ihr Unbehagen mit der Stille gegen sie, indem Sie ihnen sagen, dass Sie so lange warten werden, wie es nötig ist.

Der erste virtuelle Vorteil ist, dass Ihr Material durch den Einsatz von Präsentationssoftware viel professioneller und effektiver wird. Zweitens können Sie Ihre Präsentation auf einfache Weise aufzeichnen und sie später einem größeren Publikum zur Verfügung stellen.

Wichtiger Hinweis: Ich bin kein Anwalt und kann keine Rechtsberatung anbieten, aber es ist wichtig zu wissen, dass die Gesetze über die Aufzeichnung von Sitzungen von Staat zu Staat unterschiedlich sind, ebenso wie die Gesetze über die spätere Verwendung dieser Aufnahmen. Sie sind dafür verantwortlich, diese Gesetze zu kennen und einzuhalten.

Abgesehen von den rechtlichen Aspekten gehört es einfach zum guten Ton, die Teilnehmer deutlich darauf hinzuweisen, dass Sie die Veranstaltung aufzeichnen werden (was Zoom jetzt automatisch tut) und sie auch wissen zu lassen, dass Sie die Aufzeichnung in Zukunft verwenden werden. Holen Sie auch die Erlaubnis der Organisation ein.

2. MOTIVATION:

Das Ziel ist natürlich, die Teilnehmer zu motivieren und zu inspirieren, anders zu denken und zu fühlen. Betrachten Sie diese Veranstaltungen als die Aufmunterungsversammlungen der Sitzungen. Sie versuchen, die Leute für etwas zu begeistern und sie für ein bestimmtes Ziel zu mobilisieren. Das kann ein persönliches Ziel sein (selbstbewusster werden) oder ein geschäftliches (das neue Produkt verkaufen).

Wie ich schon sagte, stehen bei Motivationstreffen die Redner im Mittelpunkt. Bei ihnen gibt es nicht viel echte Interaktion. Aber gibt es bei Aufmunterungsversammlungen nicht auch viel Gebrüll und Jubel? Ja, aber das ist etwas anderes als das Einholen von Beiträgen. Wenn Tony Robbins in ein volles Auditorium ruft: "Was müssen Sie tun, um Ihren nächsten Schritt zu tun?", dann will er Beifall, keine Vorschläge.

VIRTUELLE HERAUSFORDERUNGEN UND CHANCEN

Die Herausforderung bei virtuellen Motivationssitzungen besteht darin, dass es schwieriger ist, Ihre Energie über die Distanz zu übertragen. Schwieriger, aber nicht unmöglich. Sie müssen sehr bewusst durch die Tür sprechen (siehe Kapitel 2).

Der virtuelle Vorteil ist, dass es viel einfacher und billiger ist, eine größere Anzahl von Menschen zu erreichen. Wenn Sie eine ausreichend große Plattform hätten, könnten Sie heute Nachmittag auf Facebook buchstäblich kostenlos eine Motivationsrede vor Millionen von Menschen halten.

Darüber hinaus können Sie Präsentationswerkzeuge verwenden, um ein unglaublich fesselndes Meeting zu gestalten. Inspirierende Hintergrundmusik? Video-Testimonials? Das ist kein Problem.

3. PERSUASIV:

Überzeugende Meetings sind wie Motivationsmeetings, allerdings mit dem entscheidenden Unterschied, dass Sie die Teilnehmer zu etwas Bestimmtem bewegen wollen. Eine Verkaufspräsentation ist eine überzeugende Besprechung - Sie wollen zum Beispiel, dass Ihre Zuhörer Ihr Coaching-Paket kaufen. Das Gleiche gilt für die Präsentation Ihrer Ideen vor dem CEO. Das Gleiche gilt für das Einbinden Ihres Teams. Dasselbe gilt für ein

Vorstellungsgespräch. In all diesen Fällen ist es Ihr Ziel, die Zuhörer zu bestimmten Handlungen zu bewegen.

Eine Verkaufspräsentation ist ein überzeugendes Gespräch.

Wie das Motivationsmeeting ist auch dieses auf den Vortragenden ausgerichtet. Sie bitten die Teilnehmer nur um ihre Meinung, um sie zu überzeugen. Das bedeutet aber nicht, dass Sie den Antworten der Teilnehmer nicht sehr aufmerksam zuhören. Sie geben Ihnen wertvolles Feedback, um Ihre Präsentation - oder sogar Ihr "Produkt" - zu verbessern.

VIRTUELLE HERAUSFORDERUNGEN UND CHANCEN

Virtuelle Überzeugungsgespräche sind insofern einzigartig, als wir sie schon seit langem führen - ein Verkaufsgespräch ist ein virtuelles Überzeugungsgespräch. Die Herausforderung besteht darin, die Teilnehmer voll einzubeziehen und mehr Energie aufzubringen als bei einem persönlichen Gespräch. Wenn Sie kein natürlicher Verkäufer sind, müssen Sie dies üben, um Ihr Selbstvertrauen zu überwinden.

Neben der Möglichkeit, mehr Menschen auf einfachere Weise zu erreichen, besteht der virtuelle Vorteil hier darin, dass die Technologie einen nahtlosen Call To Action (CTA) ermöglicht. Sie können Ihre Teilnehmer auffordern, auf eine Schaltfläche zu klicken, sich in Ihre E-Mail-Liste einzutragen oder einen Termin zu vereinbaren, ohne Ihre Seite zu verlassen.

4. KOLLABORATIV:

Bei einer gemeinsamen Sitzung geht es darum, eine Vielzahl von Perspektiven, Fachwissen und Meinungen zu nutzen, um bessere Ideen zu erhalten. Es gibt nur wenige Meetings, die so angenehm und produktiv sind wie eine gut geleitete Zusammenkunft großer Köpfe. Wie man so schön sagt: "Keiner von uns ist so klug wie wir alle".

Es gibt nur wenige Dinge, die so unterhaltsam und produktiv sind wie eine gut geführte Zusammenkunft großer Geister.

Brainstorming-Sitzungen sind die bekannteste Form der Zusammenarbeitsbesprechungen. Sie sind von Natur aus sehr offen und fördern die größte Kreativität, wenn die praktische Seite völlig außer Acht gelassen wird und viel Zeit für verrückte Ideen bleibt.

Problemlösungssitzungen sind ebenfalls kollaborativ, aber zielgerichteter und sehr an den praktischen Grenzen interessiert. Auch die **Konfliktlösung** ist eine Form der gemeinsamen Besprechung.

Es gibt viele gute Informationen über die Leitung dieser Sitzungen, aber es ist wichtig zu wissen, dass sie mehr, nicht weniger, Vorbereitung und aktive Führung erfordern. Es ist eine Kunst, mit widersprüchlichen Meinungen umzugehen, weniger lautstarke Teilnehmer zu ermutigen, sich zu Wort zu melden, und die Diskussion organisch verlaufen zu lassen, ohne vom Thema abzukommen. Eine gut formulierte Tagesordnung, die im Voraus verschickt wird, gibt den Anstoß und schafft die Voraussetzungen für eine gute Diskussion.

VIRTUELLE HERAUSFORDERUNGEN UND CHANCEN

Die Herausforderung bei virtuellen Kooperationssitzungen besteht darin, dass das Hin und Her, das Reden übereinander, weniger ausgeprägt ist. Aber mit etwas Übung können die Teilnehmer einen neuen Rhythmus finden. Achten Sie auch darauf, die Nutzung der Chat-Funktion zu fördern, damit die Ideen nicht abreißen, auch wenn die anderen reden.

Der virtuelle Vorteil liegt in der Software - wie z. B. Microsoft Team -, die es den Teilnehmern ermöglicht, auf einfache Weise Dateien auszutauschen, auf virtuellen Whiteboards zu kritzeln und schnell auf Informationen zuzugreifen.

5. EXEKUTIV:

Wie ich bereits sagte, verwende ich den Begriff "Führungskraft" im adjektivischen Sinne von "im Zusammenhang mit der Durchführung von Plänen oder Aufgaben" im Gegensatz zum Substantiv "Personen mit Autorität". Wie bei Kooperationsbesprechungen sind auch bei Besprechungen von Führungskräften die Teilnehmer sehr aktiv, aber letztlich geht es darum, Entscheidungen zu treffen und Dinge zu erledigen.

Nebenbei bemerkt: Sehen Sie, wie wichtig die Klärung der Art der Besprechung ist? Wenn Sie denken, dass Sie an einer Besprechung mit Führungskräften teilnehmen, obwohl es sich in Wirklichkeit um eine Besprechung zur Zusammenarbeit handelt, werden Sie von all dem "sinnlosen Gerede" extrem frustriert sein. Andersherum werden Sie sich gehetzt und entwertet fühlen.

Bei jedem Projekt oder Unternehmen, an dem mehrere Personen beteiligt sind, müssen diese auf dem gleichen Stand gehalten werden (daher eignen sich Besprechungen für Führungskräfte hervorragend zum "Aufbrechen von Silos"). Einige Informationen müssen ausgetauscht werden, z. B. Updates von jedem Teammitglied, dann kann der Schwerpunkt auf die Behebung der Probleme und die Planung der nächsten Schritte verlagert werden.

Wenn sie gut durchgeführt wird (Wortspiel beabsichtigt), kann eine gute Führungskräftesitzung aufregend sein - ein realer oder virtueller Raum voller engagierter und intelligenter Menschen kann in fünfzehn Minuten mehr erreichen als die meisten Menschen in einer Woche. Da sie jedoch häufig fortlaufend stattfinden (z. B. eine wöchentliche Besprechung der Direktberichte), sind sie auch am anfälligsten für "Besprechungen um der Besprechung willen". Als Moderator ist es Ihre Aufgabe, die Effizienz zu fördern. Legen Sie eine Tagesordnung fest, setzen Sie Zeitlimits und belohnen Sie Ihr Team mit Lob, wenn es sich kurz fasst.

Belohnen Sie das, was Sie wiederholt haben wollen.

VIRTUELLE HERAUSFORDERUNGEN UND CHANCEN

Die Herausforderungen bei virtuellen Sitzungen von Führungskräften bestehen darin, einen guten Rhythmus zwischen Reden und Zuhören zu finden und die nonverbale Kommunikation zu deuten. Da es in diesen Sitzungen eher "zur Sache" gehen kann, ist es wichtig, dass alle Teilnehmer ihre Kamera eingeschaltet lassen und sehr darauf achten, wie sie wahrgenommen werden. Diese Besprechungen erfordern sowohl feste Regeln, um den Diskussions- und Entscheidungsrhythmus aufrechtzuerhalten, als auch einen engagierten Moderator, der die Dinge auf Kurs hält und gleichzeitig sicherstellt, dass die aufschlussreichen, aber leise gesprochenen Stimmen gehört werden. Ziehen Sie in Erwägung, die Sprecheransicht zu verwenden, wenn jeder Teilnehmer sein Update gibt, und dann für die Diskussion zur Galerie zu wechseln. Und regen Sie dazu an, die Chatbox voll auszunutzen.

Der virtuelle Vorteil ist, dass es viel einfacher ist, alle wichtigen Akteure einzubinden, selbst wenn sie sich am anderen Ende der Welt befinden. Sie sind auch auf Effizienz ausgelegt - wenn jemand dreißig Minuten fahren müsste, um an einer Besprechung teilzunehmen, würde er sich verpflichtet fühlen, mindestens so lange zu tagen. Bei virtuellen Besprechungen kann man den Smalltalk überspringen, die Tagesordnung im Eiltempo durchgehen und sich nach fünf Minuten abmelden, wenn das alles ist, was nötig ist.

6. DEBRIEFING:

Ich bin ein großer Verfechter von Nachbesprechungen. Hier gilt: "Wer die Vergangenheit vergisst, ist dazu verdammt, sie zu wiederholen". Wenn ich eine große Rede halte oder eine Veranstaltung organisiere, nehme ich mir immer Zeit, um zu feiern, was funktioniert hat, und zu prüfen, was nicht funktioniert hat. Dies geschieht am besten in einer separaten Sitzung mit einer Handvoll einfühlsamer Personen, aber selbst eine alleinige Nachbesprechung ist besser als gar keine.

Diejenigen, die die Vergangenheit vergessen, sind dazu verdammt, sie zu wiederholen.

Wie ich bereits sagte, sind diese Treffen insofern einzigartig, als es sowohl um Informationen (die gesammelten Beobachtungen) als auch um Maßnahmen (was beim nächsten Mal anders gemacht werden soll) geht.

VIRTUELLE HERAUSFORDERUNGEN UND CHANCEN

Die Herausforderung bei virtuellen Nachbesprechungen besteht darin, die Teilnehmer dazu zu bringen, sich voll zu engagieren. Wie bei den kollaborativen Besprechungen ist es leicht möglich, dass ein oder zwei Personen den größten Teil des Gesprächs führen und der Rest sich nicht einbringt. Kommunizieren Sie Ihre Erwartungen und beziehen Sie die ruhigeren Teilnehmer strategisch mit ein (z. B. mit den Worten: "Ich würde gerne von jemandem hören, der noch nicht gesprochen hat"). Legen Sie Ihre Erwartungen auch vor der Veranstaltung fest - informieren Sie die Teilnehmer über die Nachbesprechung (ich plane meine am Tag danach) und bitten Sie sie, zwei Dinge zu nennen, die gut und zwei, die weniger gut funktioniert haben.

Der virtuelle Vorteil besteht darin, dass Sie Ihre Ergebnisse in Echtzeit aufzeichnen können, sei es mit einer Projektmanagementsoftware oder auch nur mit einem Word-Dokument. Und Sie können auch die Sitzung selbst aufzeichnen, so dass Sie sich ein Jahr später nicht daran erinnern müssen, was die Notiz "Mehr Kuhglocke" bedeutet hat. Außerdem ist es viel einfacher, virtuelle Nachbesprechungen zu koordinieren.

7. VERNETZUNG UND VERBINDUNGEN:

Ob Sie nun extrovertiert oder introvertiert sind, Sie wissen, wie wichtig Networking und persönliche Kontakte in der Geschäftswelt sind. Deshalb scherzen die Leute auch: "Alkohol - so wird die Arbeit erledigt." Es ist nicht das Bier, es sind die Beziehungen, die aufgebaut werden. Durch die Schließung von COVID mussten Meet-and-Greets virtuell abgehalten werden, und viele hatten Mühe, sich darauf einzustellen, aber die Verbindung ist nicht weniger wichtig. Zu dieser Kategorie gehören neben dem Networking auch Teambuilding-Meetings oder andere Meetings, bei denen es in erster Linie darum geht, sich gegenseitig kennenzulernen (wenn Sie an feierlicheren Teamzusammenkünften interessiert sind, sollten Sie sich Kahoot ansehen, das sich problemlos in Zoom integrieren lässt).

VIRTUELLE HERAUSFORDERUNGEN UND CHANCEN

Die Herausforderung bei virtuellen Netzwerktreffen besteht darin, dass sie sich weniger persönlich anfühlen. Hier wird der Wechsel vom Solomodus zum sozialen Modus entscheidend. Ich behaupte nicht, dass eine virtuelle Happy Hour genauso viel Spaß macht wie eine reale, aber das ist keine Entschuldigung dafür, sich nicht die Mühe zu machen, sich mit anderen zu unterhalten.

Auch hier ist ein fähiger Moderator unerlässlich. Sie müssen eine gute Liste von Fragen haben, die es den Teilnehmern ermöglichen, ihre Persönlichkeiten, Fähigkeiten und Erfahrungen mitzuteilen, ohne das Gefühl zu haben, dass sie damit angeben wollen. Hier sind einige Vorschläge:

- Was finden andere an Ihnen besonders interessant?
- Beschreiben Sie einen tollen Tag im Büro - einen, der Sie "gut müde" macht.
- Wäre es Ihnen lieber, dass Ihre Arbeit gut und pünktlich ist oder perfekt und zu spät?
- Welche Ressourcen oder Fachkenntnisse benötigen Sie im Moment am meisten?

Der virtuelle Vorteil ist, dass man sich auf das Gespräch konzentrieren kann. Allzu oft geht es bei Besprechungen um etwas anderes als um Gespräche. In einer früheren Führungsposition nahm ich meine Mitarbeiter einmal zum Fallschirmspringen mit, als Teambuilding-Maßnahme, aber das Fallschirmspringen wurde zum einzigen Thema. Hat es Spaß gemacht? Sicher, und ich habe die Bilder, die das beweisen, aber mein Ziel wurde nicht erreicht.

Es ist hoffentlich klar geworden, dass virtuelle Meetings mit der richtigen Vorbereitung unglaublich effektiv sein können. Sie sollten auch wissen, dass Sie als erstklassiger Moderator Ihren persönlichen Erfolg steigern und Ihren Wert für Ihr Unternehmen erhöhen können. Aber all diese Arbeit ist umsonst, wenn Sie in der Sitzung selbst versagen. In den nächsten Kapiteln werde ich Ihnen einige unglaublich praktische Ratschläge geben, wie Sie es (auf eine gute Art und Weise) schaffen können, nachdem Sie sich angemeldet haben.

Sinnlose Sitzungen sind ein Versagen der Führung.

Kapitel 8

Stark beginnen

Haben Sie schon einmal ein virtuelles Meeting mit den folgenden Worten beschrieben? Langweilig, sinnlos, unbeholfen, frustrierend, eine Katastrophe, Zeitverschwendung, die Hölle auf Erden? Nehmen Sie sich einen Moment Zeit, um herauszufinden, warum Sie sich so gefühlt haben (alles ist eine Lernmöglichkeit, nicht wahr?). Vielleicht war es das...

- Einem Teilnehmer wurde gestattet, das Gespräch zu dominieren.

- Umgekehrt wollte niemand reden.

- Die Sitzung verlief eine Stunde lang ziellos.

- Die Sitzung erfüllte ihren Zweck *und* verlief *dann* eine Stunde lang ziellos.

- Ein Moderator hatte wenig zu sagen, aber er hat neunzig Minuten damit verbracht, es zu sagen.

- Das Treffen entwickelte sich zu einem Gespräch zwischen zwei Personen.

- Das Treffen, das in einen *Streit* zwischen zwei Personen ausartete.

Die Leute kamen zu spät und fummelten an ihren Geräten herum, und jede Verspätung kostete Sie den nötigen Input.

- Es gab dreißig Minuten Smalltalk, bevor wir zur Tagesordnung übergingen.

Was haben all diese Szenarien gemeinsam? Ein Versagen der Führung. Große Führungspersönlichkeiten (und Moderatoren *sind* Führungspersönlichkeiten) würden für Chancengleichheit und eine klare Zielsetzung sorgen. Sie stellen Erwartungen auf und setzen sie durch. Sie würden alle auf dem richtigen Weg halten, auch wenn es für sie unangenehm wäre.

Sinnlose Sitzungen sind ein Versagen der Führung.

Dies ist ein weiteres Argument von mir: Große Führungskräfte kommen, um zu dienen. Als Berater und Coach wähle ich meine Engagements und Coaching-Gelegenheiten vielleicht nach *meinen* Zielen aus, aber sobald ich dort auftauche, richtet sich mein ganzer Fokus auf die Ziele *des Kunden*. Ich schiebe mich selbst aus dem Weg und diene ihnen. Mit anderen Worten: Es geht nicht um mich.

Das ist die Einstellung, die ich Ihnen vermitteln möchte: Bei der Moderation eines Meetings geht es nicht um Sie, sondern um die Teilnehmer. Es ist mir egal, ob es sich um eine Motivations-, Informations-, Überzeugungs-, Kooperations- oder Führungskräftesitzung handelt - wenn Sie nicht dazu da sind, ihnen zu dienen, benutzen und manipulieren Sie sie. Und sie werden es merken.

Bei der Moderation einer Sitzung geht es nicht um Sie, sondern um die Teilnehmer.

Die gute Nachricht ist, dass "es geht nicht um mich" die Führung weniger einschüchternd machen kann. Es ist zum Beispiel einfacher, einen Hasenpfad auszurufen, wenn man weiß, dass alle insgeheim begeistert sind, dass man das getan hat.

Lassen Sie uns näher darauf eingehen, was eine starke Führung für Sitzungen bedeutet.

PRE-MEETING

Wenn ich bei einer persönlichen Veranstaltung spreche, komme ich immer früh genug, um mich vorzubereiten, sicherzustellen, dass alles an seinem Platz ist, und noch Zeit zu haben, mich unter die Teilnehmer zu mischen. Das ist eine meiner sieben Strategien, um ohne Angst zu sprechen. Indem ich einige von ihnen kennenlerne, habe ich das Gefühl, sie alle zu kennen, und es ist viel weniger beängstigend, mit Freunden zu sprechen als mit Fremden. Das mache ich auch, wenn ich das Publikum bereits kenne. Wenn ich mich mit ihnen unterhalte, kann ich den Raum besser einschätzen. Wenn ich zum Beispiel erfahre, dass bei einem beliebten Mitarbeiter gerade Krebs diagnostiziert wurde, kürze ich meinen Eröffnungswitz. Oder anders ausgedrückt: Ich komme früher, damit ich mich besser auf die Zuhörer einstellen kann.

Es ist weniger beängstigend, mit Freunden zu sprechen als mit Fremden.

Dieses Prinzip gilt auch für virtuelle Treffen, aber die Praxis ist ein wenig anders. Wenn ich vor einer Gruppe spreche, die mir neu ist, nutze ich einige der vielen Tools, die mir zur Verfügung stehen (z. B. Facebook oder LinkedIn), um einige von ihnen kennen zu lernen. Dann bin ich immer fünf Minuten früher dran und unterhalte mich mit allen, die zu früh kommen. Um das klarzustellen: Diese fünf Minuten kommen zu *der* Zeit hinzu, die ich benötige, um sicherzustellen, dass alles vorbereitet und einsatzbereit ist. Je nach Veranstaltung und meiner Rolle kann es sein, dass ich mich eine halbe Stunde früher bei den Veranstaltern melde. Wir machen einen Soundcheck, stellen sicher, dass alle meine Folien und Hilfsmittel funktionieren, und führen eine kurze Probe durch. Wenn ich mich um all das frühzeitig kümmere, habe ich mehr Zeit für die Interaktion.

Wenn ich als externer Redner zu einer Sitzung komme, lasse ich meine Kamera vor der Sitzung aus und zeige das Foto meines Redners - das vermittelt Professionalität und ermöglicht es dem Moderator, mich vorzustellen -, aber ich mische mich trotzdem über die Chatbox unter die Teilnehmer. Ich werde die Teilnehmer fragen, woher sie kommen, was sie beruflich machen usw. Wenn ich jedoch als Moderator mit einer Gruppe arbeite, die ich bereits kenne, schalte ich meine Kamera ein, während ich mich "unter die Leute mische". Damit verdeutliche ich meine Erwartung, dass alle Teilnehmer ihre Kameras eingeschaltet haben.

ZU DIENEN UND DURCHZUSETZEN

In Kapitel 5 haben wir uns darauf konzentriert, ein klares Ziel zu verfolgen, die Tagesordnung im Voraus zu versenden und Ihre Erwartungen zu kennen. Jetzt ist es an der Zeit, diese Tagesordnung und diese Erwartungen durchzusetzen.

Hier ist der wichtigste Grundsatz: Beginnen Sie pünktlich und legen Sie los. Wie ich bereits sagte, haben Sie ab dem Zeitpunkt, an dem Sie live gehen, weniger als fünf Minuten Zeit, um die Teilnehmer zu überzeugen, Ihnen ihre ganze Aufmerksamkeit zu schenken - verschwenden Sie diese Zeit nicht.

Sie haben weniger als fünf Minuten Zeit, um die Teilnehmer davon zu überzeugen, Ihnen ihre ganze Aufmerksamkeit zu schenken.

Außerdem schafft ein pünktlicher Beginn Erwartungen für künftige Sitzungen. Machen Sie nicht den Fehler, zu spät zu beginnen, um Zuspätkommenden entgegenzukommen. Manche Leute kommen ständig zu spät, und wenn sie wissen, dass Sie fünf Minuten zu spät anfangen, werden sie auch zehn Minuten zu spät kommen. Je nach Unternehmenskultur können Sie jedoch die Definition von "pünktlich" ein wenig lockerer handhaben. Ein Team, mit dem ich gearbeitet habe, beschloss, genau zwei Minuten zu spät zu beginnen, um eine kleine Gnadenfrist für technische Schwierigkeiten einzuräumen (ich würde nicht mehr als fünf Minuten machen, und das ist zu viel). Bei diesem Team konnte ich auch jedem eine SMS schicken, der in dieser Zeit fehlte. Aber wir haben diese Frist nicht schleichend erhöht - sie blieb Woche für Woche bei zwei Minuten.

Wichtiger Hinweis: Es gibt natürlich auch Ausnahmen. So wie Hochzeiten immer etwas später beginnen, sind manche einmaligen Ereignisse wichtig genug, um sie zu verschieben. Und manchmal gibt es Schlüsselpersonen, auf die man warten muss, besonders bei überzeugenden (Verkaufs-)Treffen.

Von Ausnahmen abgesehen, sollten Sie die Sitzung pünktlich beginnen, alle Anwesenden freundlich begrüßen und sie an den Zweck der Sitzung erinnern. Widerstehen Sie dem Drang, mit Füllmaterial Zeit für die Zuspätkommenden zu gewinnen. Jede Minute, die Sie für Zuspätkommer verstreichen lassen, kostet Sie die Aufmerksamkeit der pünktlichen Teilnehmer.

Jede Minute, die Sie auf Nachzügler warten, kostet Sie die Aufmerksamkeit der pünktlichen Teilnehmer.

Hier ist eine bessere Strategie: Beginnen Sie die Besprechung pünktlich, und wenn es so aussieht, als ob alle Nachzügler eingetroffen sind, begrüßen Sie sie als Gruppe (statt einzeln, was Zeit vergeudet und den Fluss unterbricht) und fassen Sie kurz alle wichtigen Informationen zusammen, die sie für den Rest der Besprechung brauchen werden. Sie können sie auch anweisen, sich das Video später anzusehen.

Nachdem Sie also pünktlich begonnen und den Zweck des Treffens dargelegt haben, teilen Sie Ihre Erwartungen mit (Kapitel 5). Das könnte so klingen:

"Guten Tag, allerseits! Schön, dass Sie hier sind. Wie Sie wissen, fangen wir pünktlich an und sind bereit, etwas zu schaffen. Wie ich sehe, kommen noch ein paar Leute dazu, aber ich werde sie später einholen.

Ich gehe davon aus, dass ihr alle Zeit hattet, die Tagesordnung durchzugehen, aber wenn ihr sie nicht zur Hand habt, werdet ihr sie auch im Chat finden.

Der Zweck dieses Treffens ist _____. Ich möchte, dass Sie alle Ihre Kameras eingeschaltet lassen, aber bitte schalten Sie Ihre Mikrofone stumm, wenn Sie nicht sprechen.

Ich werde zunächst kurz über _____ sprechen, und dann beginnen wir mit unserer Diskussion. Wenn Sie während meiner Eröffnung Fragen haben, nutzen Sie bitte den Chat, damit ich sie am Ende beantworten kann. Warum üben wir nicht gleich, den Chat zu benutzen? Wenn Sie Fragen zum Spielplan haben, geben Sie sie jetzt in den Chat ein. Wenn Sie keine haben, geben Sie einfach "Keine Fragen" ein, damit ich weiß, dass jeder mit dem Instrument vertraut ist.

Ich gebe Ihnen eine Minute... Okay, großartig. Ich warte noch auf ein paar von euch... Jim, siehst du, wo das Chat-Tool ist? Großartig, das sind alle von Ihnen. Hier ist, was Sie wissen müssen (fügen Sie hier die offizielle Eröffnungszeile Ihrer Präsentation ein, z. B. 'Wir sind im Vergleich zum letzten Quartal um 32 % gestiegen')." Beachten Sie, was hier passiert ist:

"Guten Tag, allerseits! Schön, dass ihr hier seid. Wir beginnen pünktlich und sind bereit, etwas zu schaffen."

Eine kurze, herzliche Begrüßung, gefolgt von einer einzeiligen Bekräftigung der Unternehmenskultur, in diesem Fall Pünktlichkeit und Kreativität, aber Sie sollten dies in etwas ändern, das Ihre Kultur hervorhebt, insbesondere in Bezug auf das Treffen.

"Ich sehe, dass noch einige Leute zu spät zu uns gestoßen sind, aber ich werde sie später aufklären." Sie beruhigen alle, indem Sie das "Nachzüglerproblem" anerkennen. Wenn Sie deutlich machen, dass Sie erwarten, dass alle pünktlich kommen, werden sich die Teilnehmer fragen, wie Sie mit denjenigen umgehen, die sich verspäten. Diese Art der Reaktion

ignoriert die Verspätung nicht, sondern vermittelt: "Ich habe das völlig unter Kontrolle". Und das ist es, was die Teilnehmer wissen wollen.

Die Teilnehmer wollen wissen, dass Sie alles unter Kontrolle haben.

"Ich gehe davon aus, dass ihr alle Zeit hattet, die Tagesordnung durchzugehen, aber wenn ihr sie nicht zur Hand habt, werdet ihr sie auch im Chat sehen."

Auch hier bringen Sie Ihre Erwartungen zum Ausdruck (Lesen der Tagesordnung vor der Sitzung), kümmern sich aber auch proaktiv um alle, die ihre Erwartungen vergessen haben.

"Der Zweck dieses Treffens ist also _____. Ich möchte, dass Sie alle Ihre Kameras eingeschaltet lassen, aber bitte schalten Sie Ihre Mikrofone stumm, wenn Sie nicht sprechen."

Erinnern Sie sie an den Zweck des Treffens und erläutern Sie Ihre Erwartungen.

"Ich werde zunächst kurz über _____ sprechen, und dann beginnen wir mit unserer Diskussion. Wenn Sie während meiner Eröffnung Fragen haben, nutzen Sie bitte den Chat, damit ich sie am Ende beantworten kann."

Jetzt teilen Sie ihnen mit, was sie erwarten können, und geben klare Anweisungen. Inzwischen denken sie: "Dieser Moderator weiß, was er tut! Vielleicht ist dieses Treffen nicht umsonst."

"Warum üben wir nicht gleich, den Chat zu benutzen. Wenn Sie Fragen zum Spielplan haben, geben Sie sie jetzt in den Chat ein. Wenn Sie keine haben, geben Sie einfach 'Keine Fragen' ein, damit ich weiß, dass jeder mit dem Tool vertraut ist.

Damit stellen Sie nicht nur sicher, dass sie wissen, wie man plaudert, sondern Sie gewöhnen sie von Anfang an daran.

"Ich gebe Ihnen eine Minute... Okay, gut. Ich warte noch auf ein paar von euch... Jim, siehst du, wo das Chat-Tool ist? Gut, das sind alle."

Damit zeigen Sie, dass Sie es ernst meinen, aber ruhig und selbstbewusst. Übrigens, virtuelle Kommunikation ist nicht wie UKW-Radio - tote Luft ist nicht Ihr Feind. Sie ist ein Hilfsmittel. Nichts zeigt mehr Selbstvertrauen als ein Schluck Kaffee, während man geduldig auf eine Antwort wartet.

Nichts zeigt mehr Selbstvertrauen als ein Schluck Kaffee, während man geduldig auf eine Antwort wartet.

Hier ist, was Sie wissen müssen (offizielle Eröffnungszeile

einfügen)". Kein Smalltalk, keine Füllwörter, einfach direkt zum

Thema.

Wenn Sie zu Beginn den Ton angeben, wird es exponentiell einfacher sein, ihn im weiteren Verlauf der Sitzung beizubehalten. Wenn Sie aber nicht von Anfang an die Kontrolle übernehmen, wird es exponentiell schwieriger, sie wiederzuerlangen.

Vielleicht denken Sie jetzt: "Kontrolle übernehmen? Ich möchte, dass es mehr, ich weiß nicht, demokratisch ist." Demokratie und Anarchie sind nicht dasselbe. Wir wollen, dass Menschen die Führung übernehmen und die Regeln durchsetzen, um die Schwachen vor den Starken zu schützen. Auch hier gilt: Sie dienen den Teilnehmern und respektieren ihre Zeit, indem Sie die Richtung vorgeben.

Die *Art und Weise, wie* Sie Anweisungen geben, wird von Ihrem Temperament abhängen - ich kenne nette alte Damen, die besser für Ordnung sorgen können als ein Drill-Sergeant -, aber Sie müssen trotzdem mutig sein und Ihre Führungsqualitäten einsetzen.

Sie müssen also stark beginnen und stark bleiben. Arbeiten Sie sich durch die Tagesordnung, indem Sie die Sitzung sanft, aber bestimmt auf den Punkt bringen.

Das heißt aber nicht, dass man nie vom Drehbuch abweichen sollte. Eine gute Führungspersönlichkeit erkennt, wann sie sich anpassen und umstellen muss. Manchmal bringt eine zufällige Bemerkung Licht in ein wichtiges Problem, das angesprochen werden muss. Aber es gibt einen Unterschied zwischen dem Abschweifen vom Skript und der Entführung eines Meetings. Der Unterschied ist (Sie haben es erraten) Führung.

Es ist ein Unterschied, ob man vom Skript abweicht oder ob man zulässt, dass ein Meeting gekapert wird.

EIN MULTIMILLIARDEN-DOLLAR-PROBLEM

In einem Artikel wurde berichtet, dass übermäßige und ineffiziente Besprechungen insgesamt 37.000.000.000 $ kosten.[xxvi] Das ist eine Menge Geld. Deshalb ist es wichtig, dass Sie verstehen, dass unnötige und schlecht durchgeführte Besprechungen Ihr Unternehmen bares Geld kosten.

Ich wurde von einem Autohaus mit mehreren Standorten im Mittleren Westen eingestellt, das sehr erfolgreich war, aber erkannte, dass es seine Kommunikation verbessern musste - man braucht oft einen Blick von außen, um zu sehen, wofür man blind geworden ist. Als ich die Meetings prüfte, entdeckte ich ein riesiges Loch in ihrem Budget. Ich führte den CEO durch die Berechnungen:

Das Unternehmen hatte 1.000 Mitarbeiter, die im Durchschnitt an drei einstündigen Teamsitzungen pro Woche teilnahmen. Das mag sich je nach Beruf nach wenig oder viel anhören, aber für die Branche und die Unternehmenskultur war es angemessen. Als ich jedoch an mehreren Sitzungen teilnahm, stellte ich fest, dass ganze *zwanzig Minuten* jeder Sitzung verschwendet wurden. Ein gewisses Maß an Smalltalk ist in jedem beziehungsorientierten Unternehmen unerlässlich, also habe ich das nicht mitgerechnet. Das waren genau zwanzig Minuten, die aufgrund schlecht geführter Besprechungen völlig verschwendet wurden. Das macht 1.000 Stunden Produktivität pro *Woche aus*.

Ihr Durchschnittsgehalt lag bei 30 Dollar pro Stunde (was, wenn man Sozialleistungen und Steuern berücksichtigt, niedriger ist als der Durchschnitt, weil die Provisionen nicht eingerechnet wurden), so dass sie pro Woche 30.000 Dollar verschwendeten. Das erregte die Aufmerksamkeit des CEOs! Plötzlich hatte mein Wert als Berater eine echte Zahl hinter sich. Indem ich seinem Team das Material beibrachte, das Sie hier lesen, und dann die Schulungsleiter dabei unterstützte, hier fünf Minuten und dort zehn Minuten einzusparen, steckte ich allen wieder Geld in die Tasche.

Nehmen Sie sich eine Minute Zeit und rechnen Sie für Ihr Unternehmen oder Ihre Abteilung nach. Wie viele Stunden pro Woche verbringt der durchschnittliche Mitarbeiter in Ihrem Unternehmen oder Ihrer Abteilung in einer Besprechung?

Wie viele dieser Stunden werden vergeudet? Meiner Erfahrung nach werden die ersten zehn Minuten jeder Sitzung mit Verspätungen, dem Einrichten der Teilnehmer und uninteressanten Einführungen verschwendet. Mindestens weitere zehn Minuten gehen durch Ineffizienz verloren (manchmal aber auch viel mehr), weitere fünf bis zehn gehen durch Übergänge zwischen Themen oder Rednern verloren, und weitere fünf Minuten werden durch den mühsamen Abschluss der Sitzung verschwendet.

Fragen Sie sich nun, ob jeder Teilnehmer bei jeder Besprechung, an der er teilnimmt, anwesend sein muss. Wenn Ihr Mitarbeiter an einer Besprechung teilnimmt, an der er nicht teilnehmen muss, dann werden 100 % seiner Zeit verschwendet. Und es kommt noch schlimmer: Wenn die Besprechung selbst unnötig ist (was bei vielen Besprechungen der Fall ist), dann sind 100 % der Zeit *aller Teilnehmer* verschwendet. Zählen Sie das alles zusammen und schätzen Sie, wie viele Stunden pro Woche verschwendet werden.

Wenn eine Besprechung unnötig ist, dann sind 100 % der Zeit aller Beteiligten verschwendet.

Wie hoch ist dann das durchschnittliche Gehalt (einschließlich Sozialleistungen und Steuern)?
Jetzt kommt der schmerzhafteste Schritt. Wie viel Geld verlieren Sie durch ineffektive und unnötige Sitzungen?

Autsch.

Dies gilt übrigens auch dann, wenn Sie in einer gemeinnützigen Einrichtung mit einem Team von Freiwilligen arbeiten. Deren Zeit ist Geld wert, und wenn Sie sie nicht respektieren, wird Sie das auf lange Sicht Freiwillige kosten.

Hier ist die Gleichung, mit der Sie in jede Sitzung gehen müssen:

$S \times P \div 60 = \$$

Das heißt, der durchschnittliche Stundenlohn mal die Anzahl der Teilnehmer, geteilt durch sechzig Minuten, ergibt die Kosten pro Minute Ihrer Sitzung. Wenn Sie diese Zahl im Kopf haben, werden Sie lernen, jede verschwendete Minute als Geld zu betrachten, das sich in Rauch auflöst. Danach werden Sie vielleicht etwas weniger nachsichtig mit "Immer-zu-spät-Linda" und "Will-nicht-die-Klappe-haben-Satya" sein.

Lernen Sie, jede verschwendete Minute als Geld zu betrachten, das sich in Rauch auflöst.

Es geht natürlich nicht darum, keine Besprechungen abzuhalten. Eine effektive Besprechung, bei der die richtigen Personen zusammenkommen, kann stundenlanges Weiterleiten und Weiterleiten von E-Mails ersparen. Der Schlüssel liegt darin, sie effektiv zu halten. Meiner Erfahrung nach ist die Moderation großartiger Diskussionen die wichtigste Fähigkeit, die man dafür entwickeln kann - das ist unser nächstes Thema.

Ihre Aufgabe ist es nicht, eine Diskussion zu fördern, sondern eine produktive Diskussion.

Kapitel 9

Erleichterung großartiger Interaktion

Ich habe bereits erläutert, dass virtuelle Kommunikation ein "Sprechen durch die Tür" erfordert, d. h. ein bewussteres Vorgehen, um die dem Medium innewohnenden Einschränkungen zu überwinden. Man muss lernen, die Nachteile zu überwinden und sich die Vorteile zunutze zu machen.

Die offensichtlichste Einschränkung des Zooming ist der Verlust von mühelosen Gesprächen. Die zahllosen Mikroverbindungen in persönlichen Gesprächen sind verschwunden. Ich habe bereits mehrere Strategien für Teilnehmer beschrieben, die durch diese Tür sprechen wollen. Jetzt wollen wir uns auf die Rolle des Moderators konzentrieren.

Schon vor den COVID-Lockdowns habe ich gelernt, dass virtuelle Meetings mehr *geplante* Interaktion brauchen, um die fehlende zufällige Interaktion von persönlichen Meetings auszugleichen. Ich kann zum Beispiel problemlos eine 45- bis 60-minütige Grundsatzrede live halten, und die Teilnehmer bleiben engagiert. Sie sind in der Lage, miteinander zu interagieren, und ich bin in der Lage, mit ihnen durch persönlichen Augenkontakt und Geplänkel zu interagieren. Aber in einem Zoom-Meeting brauche ich höchstens zehn Minuten, um die Teilnehmer zu einer Interaktion aufzufordern (idealerweise eher alle sieben Minuten).

Virtuelle Sitzungen erfordern mehr geplante Interaktion, um die fehlende zufällige Interaktion auszugleichen.

Welche Art von Interaktion?

Das hängt ganz von der Art der Besprechung ab. Wenn der Vortragende im Mittelpunkt steht, möchte ich eine Interaktion, die das Interesse der Teilnehmer aufrechterhält und sicherstellt, dass sie den Inhalt verstehen. Liegt der Schwerpunkt jedoch auf den Teilnehmern, möchte ich eine Interaktion, die sie in die Lage versetzt, eine aktive Rolle zu spielen. Ihre drei wichtigsten Werkzeuge sind:

1. Chat-Felder
2. Diskussionen in Echtzeit

3. Nebenräume

Jede von ihnen hat spezifische Vorteile und sollte absichtlich eingesetzt werden, um Ihren Zweck zu erfüllen. Im weiteren Verlauf dieses Kapitels werden wir uns jedes einzelne davon ansehen und mit einigen verschiedenen Tipps zur Erleichterung einer guten Interaktion abschließen.

Wichtiger Hinweis: Bei allem, was ich Ihnen sage, wird davon ausgegangen, dass Sie bereits eine gute Arbeitsbeziehung zu Ihrem Team haben. Das heißt, wenn Sie bereits eine Kultur des offenen Umgangs miteinander geschaffen haben, dann können Sie das auch auf virtuelle Interaktionen übertragen. Wenn nicht, dann müssen Sie wahrscheinlich zuerst an Ihrer emotionalen Intelligenz arbeiten. Hierfür gibt es viele großartige Hilfsmittel, darunter mein neuestes Buch *Connect through Emotional Intelligence* und das dazugehörige Arbeitsbuch.

CHAT BOX

Sagen Sie es mit mir: "Die Chatbox ist Ihr Freund". Dank der Textnachrichten ist fast jeder mit dieser einfachen Form der Kommunikation vertraut. Was sie so wertvoll macht, ist die Tatsache, dass sie Gespräche (entweder mit der gesamten Gruppe oder zwischen einzelnen Personen) ermöglicht, ohne den Fluss der Sitzung zu unterbrechen. Außerdem ist es viel *effizienter*, weil alle gleichzeitig tippen können. Wenn man zehn Personen bittet, von ihrem Hobby zu erzählen, kann das in einer Echtzeit-Diskussion fünf Minuten dauern (mehr, wenn einer von ihnen ein Schwätzer ist), im Chat aber nur 30 Sekunden.

Die Chatbox ist Ihr Freund.

Wie ich im letzten Kapitel gezeigt habe, liegt der Schlüssel darin, die Leute dazu zu bringen, den Chat von Anfang an zu nutzen und diese Erwartung ständig zu verstärken. Hier sind einige der Dinge, für die man den Chat nutzen sollte:

- Sicherstellen, dass die Teilnehmer tatsächlich anwesend und engagiert sind.

- Beantwortung einer Frage, die der gesamten Gruppe gestellt wurde.

Beobachtungen machen oder Fragen zum Inhalt des Sprechers stellen.

- Emoticon-Reaktionen auf das, was gesagt wird.
- Diskrete Kommunikation auf der Seite (mehr dazu in Kürze).
- Links zu relevanten Artikeln oder Ressourcen.

Noch ein Hinweis: Manche Menschen haben Schwierigkeiten mit der schriftlichen Kommunikation. Vielleicht sind sie langsame Tipper oder haben eine besondere Herausforderung, wie Legasthenie oder sind keine englischen Muttersprachler. Tadeln Sie deshalb niemals schlechte Grammatik oder Rechtschreibung. Geben Sie Ihr Bestes, um die beabsichtigte Bedeutung aus dem Kontext zu verstehen. Wenn Sie das nicht können, bitten Sie privat um eine Klärung - benutzen Sie die direkte Chat-Funktion! Und wenn sich jemand ausnahmsweise nicht auf einen Chat einlassen will, ist es vielleicht ratsam, später nachzufragen, ob es ein tieferes Problem gibt.

DISKUSSIONSREDNER

Echtzeit-Diskussionen sind Ihr wichtigstes Interaktionsinstrument - manche Dinge lassen sich einfach nicht per Text kommunizieren - und sind für teilnehmerorientierte Meetings unerlässlich. Aber es ist auch das Instrument, das am leichtesten aus dem Ruder läuft und die Nummer 1 der Zeit- (und damit Geld-) Verschwendung ist.

Es ist an der Zeit, voranzugehen und die Führung zu übernehmen.

Echtzeit-Diskussionen neigen dazu, aus dem Ruder zu laufen und sind die Hauptursache für Zeit- und Geldverschwendung.

Wie ich schon sagte, habe ich in der High School viel Fußball gespielt und war ein recht guter Stürmer. Ich erinnere mich an ein Spiel, bei dem die Rivalität zwischen uns und der anderen Mannschaft überdurchschnittlich groß war. Aus welchem Grund auch immer, dieser eine Typ schien von Anfang an gegen mich zu sein. Ich meine, es war mehr als nur Klatsch und Tratsch. Er mochte mich einfach nicht. Es war also ein tolles Gefühl, als ich ihm den Ball wegnahm und sofort ein Tor schoss, aber das verbesserte seine Einstellung mir gegenüber nicht im Geringsten.

Wenig später stahl ich den Ball erneut und machte mich auf den Weg zum Feld, um einen weiteren Versuch zu starten. Ich spürte, wie er mich buchstäblich von hinten ansprang und ich zu Boden stürzte. Voller Testosteron eines High-School-Jungen drehte ich mich um, bereit, einen Schlag zu landen, und beide Mannschaften kamen auf uns zu. Ich wurde durch den schrillen Pfiff des Schiedsrichters gestoppt. Er zog den anderen Jungen weg und schlug auf ihn ein. Ich bekam einen Elfmeter und er eine gelbe Karte. Vielleicht hätte der andere Junge mehr als eine Verwarnung verdient, aber ich weiß, dass die schnelle Reaktion des Schiedsrichters eine richtige Schlägerei zwischen unseren Mannschaften verhindert hat. Schiedsrichter sind wichtig, damit die Spieler konzentriert bleiben und das Spiel vorankommt.

Diskussionen sind ein wesentliches Element der meisten Besprechungen, insbesondere derjenigen, die auf die Teilnehmer ausgerichtet sind. Manchmal können großartige Diskussionen organisch entstehen, ohne dass ein Schiedsrichter eingreift, aber wir haben alle genug schlechte Meetings erlebt, um zu wissen, dass das nicht immer der Fall ist.

Die Diskussion ist ähnlich wie ein Ball auf dem Fußballplatz. In einem ausgeglichenen Spiel wird der Ball oft hin- und hergeschoben, zwischen den Mannschaften hin und her. Manchmal geht der Ball ins Aus, und der Schiedsrichter pfeift an, um ihn wieder ins Spiel zu bringen. Der Vergleich hinkt natürlich, denn bei einer Diskussion sollte es nicht um Punkte oder den Sieg gehen - hoffentlich wissen alle, dass sie im selben Team sind.

Die Aufgabe des Schiedsrichters ist es, objektiv zu sein, ein faires Spiel zu gewährleisten und den Ball im Spiel zu halten. Das bedeutet, dass er das Spielfeld genau beobachtet und bei Problemen sofort eingreift. Der eine Schiedsrichter, der meinen Gegner mit einer gelben Karte bestrafte, hatte die Situation zwar im Griff und verhinderte eine Schlägerei, aber ich habe schon viele Schiedsrichter erlebt, die eine Brille brauchten. Die Spieler, die sich nicht an die Regeln halten, mögen" vielleicht vergessliche Schiedsrichter, die sich nicht unter Kontrolle haben, aber diese Schiedsrichter werden sicherlich nicht respektiert. Und sie werden von den Spielern gehasst, die versuchen, die Regeln zu befolgen.

Ich will damit sagen, dass Sie, wenn Sie nicht zugeben - und sich damit auseinandersetzen -, was für alle anderen offensichtlich ist, ahnungslos erscheinen werden. Nur weil alle zu höflich sind, dem Schwätzer zu sagen, er solle die Klappe halten, heißt das nicht, dass sie es nicht sehen. Sie sehen es und gehen davon aus, dass Sie entweder 1) vergesslich sind oder 2) nicht mutig genug sind, sich zu wehren. Beides ist nicht gut.

Wenn man nicht zugibt, was offensichtlich ist, wirkt man ahnungslos.

Schließlich hält sich ein Schiedsrichter aus dem Spiel heraus. Er vergibt keine Punkte für eine Mannschaft und bestraft die andere nicht übermäßig. Eine Sitzung zu leiten bedeutet häufig, seine eigenen Meinungen und Gedanken zurückzustellen, um eine durchdachte Diskussion zu fördern.

Im Folgenden finden Sie einige wichtige "Diskussionsverstöße", auf die Sie achten sollten:

1. BEHERRSCHUNG DES BALLS.

Manche Menschen sind selbstbewusster beim Reden als andere. Andere reden zu viel, um ihren Mangel an Selbstvertrauen zu kompensieren. Was auch immer der Grund ist, sie nehmen den Ball in die Hand und hindern andere am Sprechen.

Der Umgang mit Dominatoren erfordert ein hohes Maß an emotionaler Intelligenz - Menschen, die Angst vor Konflikten haben, tun dies in der Regel am schlechtesten. Wenn das ein "Wachstumsbereich" für Sie ist, würde ich Sie erneut ermutigen, in die Verbesserung Ihrer eigenen emotionalen Intelligenz zu investieren.

Menschen, die sich vor Konflikten fürchten, machen sie in der Regel am schlimmsten.

Seien Sie auf jeden Fall sehr vorsichtig damit, einen Dominator öffentlich zu korrigieren - Sie werden ihn wahrscheinlich zutiefst kränken und andere vom Reden abhalten. Zunächst können Sie sie als Teil einer Gruppe ansprechen: "Ich schätze die Sichtweise des technischen Teams. Möchte sich jemand von den Designern einbringen?" Oder: "Ich würde gerne von einigen von euch hören, die noch nicht gesprochen haben". Zweitens: Versuchen Sie es mit subtilen Formulierungen wie: "Das ist ein großartiges Argument. Lass uns herausfinden, was Luis denkt." Oder: "Könnten Sie diesen Gedanken einen Moment festhalten?"

Hoffentlich versteht der Dominator den Wink mit dem Zaunpfahl. Wenn nicht, versuchen Sie, den privaten Chat zu benutzen (und vergewissern Sie sich dreimal, dass er privat ist!). Bedanken Sie sich zunächst für den Beitrag und bitten Sie dann um ihre "Hilfe". Zum Beispiel: "Hey, gut gemacht, aber ich versuche, einige der ruhigeren Leute zum Sprechen zu bringen. Können Sie mir dabei helfen?" Diese Technik funktioniert noch besser, wenn Sie sich vor der Sitzung persönlich mit ihnen unterhalten können.

2. OUT OF BOUNDS

Eine ebenso häufige Übertretung ist das Ausufern der Diskussion (auch bekannt als "Kaninchenpfade"). Dies ist eines meiner größten Ärgernisse. Eine Person sagt etwas, das ein wenig vom Thema abweicht, und gibt es dann an jemand anderen weiter, der es weiterführt. Ehe man sich versieht, findet ein ganzes Spiel jenseits des Randes statt. Die ganze Zeit über nickt der Moderator und sagt Dinge wie: "Guter Punkt. Interessante Perspektive." Sie sind so erpicht darauf, die Diskussion am Laufen zu halten, dass sie gar nicht bemerken, wie sehr sie vom Thema abweicht.

Ihre Aufgabe als Moderator besteht nicht darin, eine Diskussion zu fördern, sondern eine *produktive* Diskussion. Sehen Sie, warum eine Tagesordnung so wichtig ist? Hier kommt der Mut ins Spiel. Sie müssen den Mut haben zu sagen: "Das ist ein großartiges Thema, aber ich möchte die Zeit aller respektieren, indem wir beim Thema bleiben. Vielleicht sollten wir dafür ein anderes Treffen anberaumen?"

Ihre Aufgabe ist es nicht, eine Diskussion zu fördern, sondern eine produktive Diskussion.

Eine kurze Klarstellung. Es gibt einen großen Unterschied zwischen "Off Topic" und "Offsides". Im Fußball bedeutet "Abseits", dass ein Angreifer vor dem Ball ist. Manchmal stellt jemand eine Frage oder macht eine Bemerkung zu einem Thema, das Sie später behandeln werden. Sagen Sie in diesem Fall etwas wie: "Das ist ein wirklich toller Kommentar. Darüber werden wir in Kürze sprechen. Können Sie mir einen Gefallen tun und das als Erinnerung in die Chatbox schreiben?" Auf diese Weise können Sie den Ball am Laufen halten (d. h. die weitere Teilnahme fördern), ohne dass die "Spieler" dem Thema vorauseilen.

3. UNTERBRECHUNGEN

Im Fußball ist der Schiedsrichter dafür verantwortlich, auf rücksichtsloses Verhalten oder übermäßige Gewalt zu achten, wie z. B. Stolpern oder Angreifen des Gegners. Wenn das passiert, pfeift er, nimmt den Ball weg und gibt ihn dem Gegner zum Freistoß. Manchmal muss dabei eine Entscheidung getroffen werden. War das ein absichtlicher Angriff oder wollten sie den Ball erobern?

Diskussionen beinhalten ein gewisses Maß an Hin- und Herreden ("Zwischenrufe", aus Kapitel 5), also achten Sie darauf, wann dies in Unterbrechungen und Abschneiden anderer übergeht. In diesem Fall ist es äußerst hilfreich, die Erwartungen und Grundregeln im Voraus festzulegen. Wenn zum Beispiel die Regel lautet: "Wer das Wort hat, hat das Mikrofon; alle anderen müssen die Chatbox benutzen", können Sie leicht feststellen, ob jemand einen Verstoß begangen hat. In jedem Fall wird es vorkommen, dass Sie das Gespräch unterbrechen und an einen anderen Spieler zurückgeben müssen.

4. PERSÖNLICHE FOULS

Wir bezeichnen dies als unsportliches Verhalten. Es kann sich um Dinge wie Mobbing, übermäßige Aggressivität, unfaire Argumentationstaktiken oder Ad-hominem-Angriffe (Angriff auf die Person statt auf das Argument) handeln. Im Grunde ist es jedes Verhalten, das ein unsicheres Umfeld schafft und die Diskussion zum Erliegen bringt. Das kommt nicht oft vor, aber in diesem Fall verdienen die Moderatoren wirklich ihr Geld.

Wenn es darum geht, "unsportliches Verhalten" zu unterbinden, verdienen die Moderatoren wirklich ihr Geld.

Diese Situationen müssen sofort angegangen werden, da man sonst Gefahr läuft, die Kontrolle zu verlieren. Aber wenn Sie gut aufpassen, können Sie sie oft schon im Keim ersticken. Hier bietet Ihnen die Chat-Funktion einen virtuellen Vorteil. Eine schnelle, respektvolle private Nachricht - eine, die von den besten Motiven der anderen Person ausgeht - kann ein schlechtes Verhalten häufig stoppen, bevor es zu einem Problem wird. So etwas wie: "Hey Jodi, ich kann sehen, dass dir dieser Punkt sehr am Herzen liegt, aber du solltest dich vielleicht etwas zurückhalten, denn das kam irgendwie persönlich rüber. Danke!"

Meine Faustregel ist, dass ich es privat halte, wenn ich kann. Aber manchmal ist ein Kommentar so öffentlich und übertrieben, dass ich öffentlich antworten muss. In diesen Fällen bin ich immer noch so respektvoll wie möglich und gehe von den besten Motiven aus, weise aber deutlich darauf hin, dass ihr Verhalten unangemessen war. Es ist wichtig, so präzise wie möglich zu sein. Zum Beispiel: "Es tut mir leid, Tony, aber ich muss dich an dieser Stelle unterbrechen. Ich weiß, dass dir das sehr wichtig ist, aber wir müssen das respektvoll behandeln. Brauchst du einen Moment, um dich zu sammeln, oder möchtest du es noch einmal versuchen?"

Betrachten Sie das als eine gelbe Karte. Nach einer Verwarnung ist es an der Zeit, das Mikrofon stumm zu schalten oder die Person aus der Sitzung zu verweisen. Und manchmal - bei besonders respektlosem oder unangemessenem Verhalten - müssen Sie eine rote Karte ausstellen. Das heißt, sie werden sofort ausgeschlossen. Glücklicherweise ist diese Art von Verhalten ziemlich selten, aber es ist wichtig zu verstehen, dass Schweigen Ihrerseits als Zustimmung gewertet wird. Wenn Sie auf etwas Unangemessenes nicht reagieren, werden die Leute das als Zustimmung interpretieren.

Wenn Sie auf etwas Unangemessenes nicht reagieren, werden die Leute das als Zustimmung interpretieren.

5. ERMUTIGUNG WIDERSTREBENDER REDNER

Ich höre jetzt einfach mit den Fußball-Analogien auf, solange ich noch dabei bin. Eine weitere wichtige Aufgabe besteht nicht nur darin, fehlgeleitete oder aggressive Diskussionen zu kontrollieren, sondern auch darin, zögerliche Teilnehmer zu ermutigen. Manchmal sind die aufschlussreichsten Leute die, die am wenigsten dazu neigen, zu sprechen. Vielleicht sind sie introvertiert und brauchen Zeit, um alles zu verarbeiten. Oder vielleicht sind sie buchstäblich zu höflich. Achten Sie als Moderator auf diejenigen, die noch nicht gesprochen haben, und erwägen Sie, sie beim Namen zu nennen. Etwa so: "Rick, du hast einen nachdenklichen Blick. Wolltest du etwas sagen?" Erinnern Sie sie auch daran, dass sie die Chatbox benutzen können, und bitten Sie sie, wenn sie dort eine gute Bemerkung machen, diese "on air" zu erläutern.

Dies ist auch ein guter Ort, um lange Pausen zu nutzen. Stellen Sie die Frage und sagen Sie dann: "Ich möchte von jemandem hören, der noch nicht gesprochen hat", und warten Sie dann selbstbewusst und lächelnd. Die unangenehme Pause wird sie praktisch dazu zwingen, zu sprechen!

6. FEHLENDE UNEINIGKEIT

Ein weiterer Punkt, auf den man achten sollte, ist die Echokammer. Viele Menschen sind zu höflich, um öffentlich mit dem Gesagten nicht einverstanden zu sein. Es mag bequemer sein, einfach nur zu nicken, aber das kostet jeden den Vorteil abweichender Meinungen.

Manchmal müssen Sie als Moderator den Ball ins Rollen bringen, indem Sie respektvoll den Anwalt des Teufels spielen. Ich bin berühmt für den Satz: "Lassen Sie mich das ein wenig zurückdrängen." Das ist eine großartige Möglichkeit, der vorherrschenden Meinung sanft zu widersprechen und eine tiefer gehende Diskussion anzuregen. Es ist Ihre Aufgabe, respektvolle Meinungsverschiedenheiten vorzuleben. Ich liebe es, wie Colin Powell es ausgedrückt hat:

> Wenn wir über ein Thema debattieren, bedeutet Loyalität, dass Sie mir Ihre ehrliche Meinung sagen, unabhängig davon, ob Sie glauben, dass sie mir gefallen wird oder nicht. Meinungsverschiedenheiten regen mich in diesem Stadium an. Sobald jedoch eine Entscheidung getroffen wurde, ist die Debatte beendet. Von diesem Zeitpunkt an bedeutet Loyalität, dass Sie die Entscheidung so ausführen, als ob es Ihre eigene wäre.

Diese Einstellung möchte ich in den Sitzungen fördern.

Es ist Ihre Aufgabe, eine respektvolle Meinungsverschiedenheit vorzuleben.

7. NEBENGESPRÄCHE UND ARGUMENTE.

Wir alle kennen das: Was eigentlich ein Gruppentreffen sein sollte, wird zu einem Gespräch (oder, schlimmer noch, zu einem Streit) zwischen zwei Personen, während alle anderen in ihren Medien blättern. Und wenn sie ihr Handy einmal in die Hand genommen haben, legen sie es vielleicht nicht mehr weg! Auch an dieser Stelle können Sie den anderen Teilnehmern helfen. Greifen Sie höflich ein und sagen Sie etwas wie: "Es scheint, dass Sie beide diese Diskussion offline führen sollten. Könnt ihr mit eurem Konsens zu uns zurückkommen?"

BREAKOUT-RÄUME

Je mehr Personen an einer virtuellen Sitzung teilnehmen, desto weniger werden sich zu Wort melden. Das gilt für alle Sitzungen, aber besonders für Webkonferenzen. Das ist mehr als ein Zahlenspiel (mehr Teilnehmer bedeuten weniger Zeit pro Teilnehmer). Es gibt auch eine soziologische Komponente: Je größer die Teilnehmerzahl, desto mehr Selbstvertrauen ist erforderlich, um das Wort zu ergreifen. Aber Selbstvertrauen ist nicht unbedingt gleichbedeutend mit Können - YouTube ist voll mit viralen Videos von selbstbewussten Idioten!

Je mehr Personen an einer virtuellen Sitzung teilnehmen, desto weniger werden sich äußern.

Breakout-Räume ermöglichen es Ihnen, diese Dynamik zu überwinden und Gruppendenken zu vermeiden, indem Sie kleinere Diskussionsgruppen bilden, was zu mehr und besserer Beteiligung führt. Einige Studien zeigen, dass Gruppen ab einer Größe von sieben Mitgliedern ihre "Teamdynamik" verlieren, so dass Breakout-Räume für jede wirklich teilnehmerorientierte Sitzung, die diese Größe überschreitet, unerlässlich sind[xxvi].

Das heißt aber nicht, dass Breakout-Räume nur für teilnehmerorientierte Meetings geeignet sind. Sie sind eines meiner Lieblingswerkzeuge für Meetings, bei denen der Moderator im Mittelpunkt steht. Hier sind einige effektive Möglichkeiten, wie Sie sie nutzen können:

- Ein kurzer, fünfminütiger "Nebenschauplatz", um das Tempo zu ändern und die Teilnehmer zu beschäftigen.

- Heben Sie einen wichtigen Punkt hervor, indem Sie den Teilnehmern die Möglichkeit geben, ihn auf ihre eigene Situation anzuwenden.

- Bringen Sie bestehende Teams (z. B. alle Ingenieure) zu einer gezielten Diskussion zusammen.

- Fördern Sie die Vernetzung und persönliche Kontakte.

Wenn Sie wissen, wie Sie die Breakout-Räume nutzen wollen, planen Sie sie strategisch über die gesamte Sitzung ein. Wenn Ihr Ziel beispielsweise darin besteht, die Teilnehmer bei der Stange zu halten, würde ich vorschlagen, sie gleichmäßig über Ihre Präsentation zu verteilen, etwa alle fünfzehn Minuten.

Wie erstellt man Breakout-Räume? Jede Plattform ist ein wenig anders, aber hier ist eine kurze Anleitung für Zoom (zum Zeitpunkt der Veröffentlichung), aber andere Plattformen sind ähnlich.

Zuerst müssen Sie die Gruppenräume aktivieren. Melden Sie sich über die Website (*nicht* über die App) bei Zoom an. Gehen Sie zu "Einstellungen" und scrollen Sie nach unten zu "Breakout Room" und aktivieren Sie es.

Erstellen Sie nun ein Meeting als Gastgeber (Sie können nur Nebenräume erstellen, wenn Sie der Gastgeber sind) und klicken Sie dann auf "Nebenräume":

Dort erhalten Sie Optionen, z. B. wie viele Räume Sie erstellen und wie Sie die Teilnehmer zuweisen möchten.

Auch hier sollten Sie sich bei der Zuweisung von Mitarbeitern an Ihren Zielen orientieren. Sie können auch die Räume planen und entscheiden, wie lang sie sein sollen.

Der wichtigste Schritt ist jedoch, dass Sie den Teilnehmern klare Anweisungen geben, was sie tun *sollen* und *wie viel Zeit* sie haben. Und ich meine sehr klar - unbeaufsichtigte Personen in kleinen Gruppen verschwenden noch mehr Zeit als solche in großen Gruppen. Als Gastgeber sollten Sie dann einen Rundgang durch die Räume machen, um sicherzustellen, dass die Teilnehmer die Anweisungen verstanden haben, und um Fragen zu beantworten und alle auf dem Laufenden zu halten.

Unbeaufsichtigte Menschen in kleinen Gruppen verschwenden sogar noch mehr Zeit als Menschen in großen Gruppen.

DIVERSE DISKUSSIONSTIPPS

Hier sind einige weitere Tipps, die Sie bereithalten sollten:

1. ERMÖGLICHEN EINEN NATÜRLICHEN RHYTHMUS VON SCHWEREN UND LEICHTEN DISKUSSIONEN.

Es muss nicht immer gleich zur Sache gehen. In vielen dramatischen Filmen gibt es eine komödiantische Figur, deren Aufgabe es ist, dafür zu sorgen, dass die Dinge nicht zu lange schwerfällig bleiben. Wenn also eine kleine Tangente über den Preis von Milchkaffee eine Verschnaufpause zu bieten scheint, sollten Sie sie nicht unterdrücken, aber auch nicht zu lange laufen lassen.

2. PAUSEN IM ZEITPLAN.

Es ist allgemein bekannt, dass Pausen die Produktivität steigern. Dies gilt insbesondere für virtuelle Meetings. [Das stundenlange Starren auf einen Computerbildschirm ohne körperliche Aktivität ist bekannt dafür, dass es zu "Zoombies"[xxviii] kommt.

Wie immer sollten Sie den Spielplan mit den Teilnehmern besprechen. Bei einer 90-minütigen Sitzung sollten Sie ihnen zu Beginn mitteilen, dass nach der Hälfte der Zeit eine zehnminütige Pause eingelegt wird. Auf diese Weise wird die Zahl der Teilnehmer, die sich für eine "unerlaubte" Pause auf die Toilette begeben, auf ein Minimum reduziert. Sagen Sie ihnen ein paar Minuten vorher Bescheid. Sagen Sie etwas wie: "Okay, lassen Sie uns diesen Punkt zu Ende bringen, und dann machen wir eine zehnminütige Pause", um den Teilnehmern einen zusätzlichen Anreiz zu geben, sich auf das Thema einzulassen.

Wenn Sie Pausen einlegen, geben Sie klare Anweisungen, wann sie wiederkommen sollen, und regen Sie sie zu einer körperlichen Betätigung an. Ein Sprint die Treppe hinauf und hinunter kann Wunder für die Kreativität bewirken!

3. EINEN "ASSISTENTEN" MIT MITVERANSTALTERBEFUGNIS HABEN.

Wenn möglich, und je nach Situation, kann Ihnen jemand bei der Verwaltung der Chat-Kommentare, der Präsentationssoftware und verschiedener technischer Probleme helfen, damit Sie sich auf die

Moderation konzentrieren können. Lassen Sie Ihren "Assistenten" bei Zoom frühzeitig einloggen und weisen Sie ihm die Fähigkeit zum Co-Moderator zu, indem Sie auf die drei Punkte neben seinem Namen im Galeriemodus klicken

4. ACHTEN SIE AUF IHRE AUFMERKSAMKEIT.

Jeder von uns hatte schon einmal einen Lehrer, dem es egal war, ob man ins La-La-Land abdriftete, solange man ihn nicht unterbrach. In seinem Buch *The Seven Laws of the Learner (Die sieben Gesetze des Lernenden)* sagt Bruce Wilkinson: "Lehrer sind dafür verantwortlich, dass die Schüler lernen." Genauso sind Sie dafür verantwortlich, die Teilnehmer bei der Stange zu halten. Dies ist besonders wichtig in Meetings, bei denen Sie als Moderator den größten Teil des Gesprächs führen. Achten Sie aktiv auf Anzeichen dafür, dass die Teilnehmer ihre Aufmerksamkeit verlieren. Stellen Sie Fragen, verwenden Sie Online-Umfragen und fügen Sie Feedback-Sitzungen ein, um das Geschehen aufzulockern.

Sie sind dafür verantwortlich, dass die Teilnehmer engagiert bleiben.

5. HALTEN SIE NÜTZLICHE PHRASEN BEREIT.

Im Folgenden finden Sie eine Reihe von Phrasen, die Sie immer griffbereit haben sollten:

"Bitte" und "Danke". Ich weiß, dass dies schmerzlich offensichtlich erscheint, aber wenn Sie sich als Moderator unter Druck gesetzt fühlen, vergisst man leicht das Offensichtliche.

"Erlauben Sie mir, direkt zu sein." Hatten Sie schon einmal mit jemandem zu tun und hielten ihn zunächst für unhöflich, um dann festzustellen, dass er freundlich war und nicht um den heißen Brei herumredete? Dieser Satz sagt: "Ich respektiere Sie und Ihre Zeit, also werde ich ehrlich sein", ohne unhöflich zu wirken.

"Erzählen Sie mir mehr darüber." Viele Menschen unterschätzen ihre eigenen Erkenntnisse und schneiden sich deshalb selbst ab. Dies bedeutet sowohl: "Ich mag, was du gesagt hast" als auch "Ich möchte mehr hören".

"Was hältst du davon, _____?" Indem Sie ihren Namen verwenden, fordern Sie sie zur Teilnahme auf.

"Habe ich Ihre Frage beantwortet?" Wir alle haben schon die Erfahrung gemacht, dass wir eine Frage gestellt haben und sie dann völlig missverstanden wurde. Meistens ist es den Leuten zu peinlich, sich klar auszudrücken, aber diese Frage macht es einfach, dies zu tun, und lädt gleichzeitig zu Folgefragen ein.

"Kann ich mich diesbezüglich bei Ihnen melden? Würden Sie mir eine Erinnerung per E-Mail schicken?" Sie werden nicht alle Antworten kennen, und das ist auch in Ordnung. Wenn Sie die Antwort nicht wissen, ist es besser, sich zu informieren, als etwas zu erfinden, das Sie später bereuen. Dies gilt in dreifacher Hinsicht, wenn Sie ein Versprechen geben. Sagen Sie nie etwas zu, wenn Sie sich unter Druck gesetzt fühlen. Wenn Sie darum bitten, Ihnen eine E-Mail zu schicken, werden nicht nur unüberlegte Anfragen herausgefiltert, sondern Sie müssen sich auch nicht mehr daran erinnern.

Stimmen Sie niemals etwas zu, wenn Sie sich unter Druck gesetzt fühlen.

"Was hat das mit... zu tun?" Dies ist ein guter Weg, um mit einem scheinbar themenfremden Kommentar umzugehen, da er die Idee nicht abweist, sondern dem Teilnehmer die Möglichkeit gibt, entweder zuzugeben, dass er "themenfremd" ist, oder ihn mit der Hauptdiskussion zu verbinden.

"Wie sollten wir Ihrer Meinung nach vorgehen?" Dies ist nicht nur eine Aufforderung zum Mitmachen, sondern signalisiert auch, dass es an der Zeit ist, mit dem Reden aufzuhören und mit dem *Handeln zu* beginnen.

Wenn Sie das Material in diesem Kapitel gewissenhaft anwenden, werden Sie in der Lage sein, bessere Besprechungen - virtuell oder persönlich - zu leiten als die meisten Fachleute da draußen. Aber vielleicht ist die Leitung von Besprechungen kein Problem für Sie. Es ist der Teil des Sprechens, der Ihnen Angst macht. Im nächsten Kapitel werden wir darüber sprechen, wie Sie Ihre Ängste überwinden und sich auf den Weg machen, ein großartiger Präsentator zu werden, egal in welchem Format.

Vertrauen ermöglicht es unseren Zuhörern, sich auf das zu konzentrieren, was wir sagen, und nicht auf uns.

Kapitel 10:

Sprechen wie ein Profi

Denken Sie an die letzte beeindruckende Rede, die Sie gehört haben, vielleicht einen TED-Talk oder eine inspirierende politische Rede. Fast von dem Moment an, in dem ein fähiger Redner seinen Mund öffnet, wissen Sie, dass Sie in guten Händen sind. Sie strahlen Vertrauen und Autorität aus.

Vergleichen Sie das mit einem armen Studenten, der seine erste Rede in COMM 102 hält. Ihr Einfühlungsvermögen setzte ein und Sie schämten sich für sie, weil sie fast hyperventilierten. Infolgedessen waren Sie mehr auf sie als auf ihre Rede konzentriert.

Ich möchte, dass Sie Folgendes bemerken: Selbstvertrauen ermöglicht es unseren Zuhörern, sich auf das zu konzentrieren, was wir sagen, und nicht auf uns. Anders ausgedrückt: Je weniger Sie sich darum sorgen, was die Zuhörer über Sie denken, desto weniger werden sie über Sie denken.

Vertrauen ermöglicht es unseren Zuhörern, sich auf das zu konzentrieren, was wir sagen, und nicht auf uns.

Dies ist zwar kein Buch über das Sprechen in der Öffentlichkeit, aber Ihre Fähigkeit, selbstbewusst zu sprechen, ist einer der wichtigsten Schlüssel zum Erfolg als virtueller Moderator. In meinem Buch *"Sprechen ohne Angst" habe ich das* Sprechen in der Öffentlichkeit als einen universellen Vorteil bezeichnet - eine Fähigkeit, die Ihnen in fast jedem Beruf oder in jeder Situation einen Vorteil verschafft[xxix]. Unabhängig von Ihrer Berufsbezeichnung erhöht es Ihre wahrgenommene Autorität und macht Sie in Ihrem Unternehmen wertvoller. Ich glaube, dass Sie es sich nicht leisten können, *nicht* in Ihre Redefähigkeiten zu investieren (aber ich bin ein wenig voreingenommen, da ich Redner coache und Redner-Workshops leite).

Dieses Kapitel ist kein Ersatz für diese Investition, aber selbstbewusstes Sprechen ist zu wichtig, um es nicht zu behandeln. Betrachten Sie es als einen Überblick über die Themen, die Sie später studieren müssen.

VIRTUELLES ENGAGEMENT

In Kapitel 2 habe ich gesagt, dass einer der wichtigsten Grundsätze bei virtuellen Meetings darin besteht, sie wie echte Gespräche zu behandeln.

Genauso müssen Sie lernen, virtuelle Präsentationen wie echte Reden zu behandeln. Das scheint offensichtlich, aber so viele werden zu jemand anderem, wenn die Kamera eingeschaltet wird. Spannende Menschen werden langweilig.
Unbeschwerte Menschen werden steif. Freundliche Menschen wirken unhöflich.

Sie müssen lernen, virtuelle Präsentationen wie echte Reden zu behandeln.

Wie ich bereits sagte, erfordern virtuelle Auftritte einen Akt der Vorstellungskraft. Das bedeutet, dass die Kamera (denn Sie schauen in die Kamera, nicht auf den Bildschirm) zum tatsächlichen Publikum wird, zu dem Sie sprechen. Ich sagte "Publikum" und nicht "Person", denn eine Präsentation ist nicht ganz dasselbe wie ein Gespräch. Nahe dran, aber nicht ganz. Es gibt mehr Autorität, eine andere Kadenz, eine andere Aufmerksamkeit für Details und eine andere Bühnenpräsenz.

Virtuelle Gelegenheit

Eine Bühne vor Zehntausenden von Zuhörern zu betreten, kann selbst den erfahrensten Redner verunsichern. Ein Raum dieser Größe klingt und fühlt sich einfach anders an. Aber bei virtuellen Meetings spielt es keine Rolle, ob Sie zu einem oder einer Million Menschen sprechen - Sie schauen immer noch in eine Kamera. Das kann Ihre Nerven schonen, aber machen Sie es sich nicht zu bequem. Auch das ist ein Rezept für eine Katastrophe.

VORBEREITUNG, VORBEREITUNG, VORBEREITUNG

Man sagt, es gibt drei Schlüssel zu Immobilien: Lage, Lage, Lage. Ähnlich gibt es drei Schlüssel für öffentliche Reden: Vorbereitung, Vorbereitung, Vorbereitung:

1. BEREITEN SIE SICH VOR.

Lernen Sie die Kunst des öffentlichen Redens. Treten Sie einer Toastmasters-Gruppe bei. Suchen Sie nach Möglichkeiten, Ihre Redefähigkeiten zu üben (z.

B. klare Artikulation, Handgesten und Gesichtsausdruck). Es gibt einige wenige Menschen, die sich auf der Bühne (real oder virtuell) von Natur aus wohlfühlen, aber die meisten von uns haben anfangs große Angst - ich habe einmal ein psychosomatisches Fieber ausgelöst, um eine Rede zu vermeiden - aber durch Übung gewinnen sie an Selbstvertrauen.

2. BEREITEN SIE IHR MATERIAL VOR.

Es gibt keinen Ersatz dafür, sein Material in- und auswendig zu kennen. Albträume über eine Rede in Unterwäsche sind der Versuch Ihres Gehirns, sich mit Ihrer *inneren* Unvorbereitetheit auseinanderzusetzen, indem Sie sie nach außen hin manifestieren. Befolgen Sie das Eisbergprinzip der Recherche: Die Inhalte, die Sie vermitteln, sollten nur die Spitze dessen sein, was Sie über Ihr Thema wissen. Wenn Sie nur genug haben, um Ihre Notizen zu füllen, werden Sie sich fühlen, als ob... nun ja, als ob Sie nur Unterwäsche tragen würden.

3. BEREITEN SIE IHRE PRÄSENTATION VOR.

Es ist eine Sache, seine Inhalte zu kennen, aber eine andere, sie zu organisieren und bereit zum Teilen zu machen. Da Sie mehr Material vorbereitet haben, als Sie weitergeben können, woher wissen Sie, was Sie weitergeben und was Sie in der Tasche lassen sollen? Indem Sie Ihr Ziel kennen. Wie wir in Kapitel 5 besprochen haben, sollten Sie in der Lage sein zu sagen: "Mein Ziel für diese Präsentation ist _____", und das wird Ihren Inhalt bestimmen.

Bringen Sie den Inhalt zu Papier und überlegen Sie, wie Sie ihn am besten strukturieren und interessant gestalten können. Machen Sie dann eine Gliederung daraus und üben Sie, Ihren Vortrag zu halten, bis Sie sich damit wohl fühlen. Üben Sie dann vor Menschen, denen Sie vertrauen, um ein gutes Feedback zu erhalten. Einer meiner Grundsätze von *"Speak With No Fear"* lautet, dass Sie eine Rede nie zum ersten Mal halten sollten.

Das erste Mal, dass Sie eine Rede halten, sollte nicht das erste Mal sein, dass Sie diese Rede halten.

DIE ANGST KONTROLLIEREN

Vertrauen ist nicht die Abwesenheit von Angst, sondern die *Beherrschung der Angst*. Hier die sieben Strategien aus meinem Buch:

1. *Legen Sie die Wunde frei und reinigen Sie sie:* Setzen Sie sich mit Ihren Ängsten vor dem Sprechen auseinander, die Sie lähmen.

2. *Stellen Sie sich das Schlimmste vor:* Bereiten Sie sich gedanklich auf den schlimmsten Fall vor.

3. *Sei du selbst:* Finden Sie heraus, wie *Sie* sprechen, anstatt zu versuchen, wie jemand anderes zu sprechen.

4. *Sprechen Sie mit einer Person:* Stellen Sie eine Verbindung zu einer Person her, bevor Sie sprechen.

5. *Es geht nicht um Sie:* Konzentrieren Sie sich darauf, Ihrem Publikum zu dienen.

6. *Channel The Power:* Machen Sie sich die Macht der Angst zunutze, um sich einen

   Rand.

7. *Seien Sie ganz im Moment:* Genieße, was du tust, und alle anderen werden es auch genießen.

Das sind schmerzhaft verkürzte Beschreibungen, aber sie sind ein guter Anfang.

EINIGE TECHNIKEN

Inhalt ist König. Wenn Sie nichts haben, was es wert ist, mit anderen geteilt zu werden, sind diese Techniken nichts weiter als Fluff - und Ihr Publikum durchschaut Fluff sofort. Wenn Sie aber etwas zu bieten haben, werden diese Techniken Ihr Publikum fesseln. Wie zuvor ist dies die stark gekürzte Version.

- Variieren Sie Ihre Geschwindigkeit und Lautstärke. Denken Sie an vier Quadranten: laut und langsam, laut und schnell, leise und langsam, leise und schnell. Bewegen Sie sich durch diese Quadranten, um sie interessanter zu gestalten.

- Variieren Sie auch Ihre Tonlage. Monotoner Tonfall ist im persönlichen Gespräch schon schlimm genug. In der virtuellen Kommunikation ist das ein Todesurteil.

- Nutzen Sie Pausen - zur Betonung, zur Abwechslung, um mit dem Publikum in Kontakt zu treten, zum Durchatmen und Nachdenken, um den Zuhörern die Möglichkeit zu geben, nachzudenken.

- Wenn wir schon dabei sind, achten Sie auf die Atmung. Nervosität führt zu flacher Atmung. Atmen Sie tief und beruhigend, um die Kontrolle wiederzuerlangen.

- Stehen Sie zum Sprechen. Wie ich in Kapitel 12 erkläre, habe ich einen Stehschreibtisch, der es mir ermöglicht, bei Präsentationen zu stehen, was mir mehr Lungenkapazität und damit mehr Stimmkraft verleiht.

- Wenn Sie sitzen müssen, stellen Sie beide Füße flach auf den Boden und setzen Sie sich gerade hin. So verbessern Sie Ihre Lungenkapazität und vermitteln mehr Autorität.

- Verändern Sie Ihre Körperhaltung (im Sitzen oder Stehen). Lehnen Sie sich vor, um etwas zu sagen, lehnen Sie sich zurück, um dem Zuhörer Raum zum Nachdenken zu geben.

- In Kapitel 12 werden wir über die "Drittel-Regel" sprechen. Damit können Sie darauf achten, wie Sie von der Kamera eingerahmt werden.

- Verwenden Sie Präsentationsmittel, um die Botschaft zu verdeutlichen, nicht zu verkomplizieren oder

  davon ablenken.

- Sprechen Sie mit Ihren Händen - aber nur, wenn es für Sie natürlich ist. Besser keine Gesten als Gesten, die gezwungen wirken.

- Geschichten erzählen. Erzählen Sie mehr Geschichten. Unser Gehirn verarbeitet Geschichten buchstäblich anders und erinnert sich besser an sie.

- Scheuen Sie sich nicht, Notizen zu machen, denn das ist in virtuellen Meetings einfacher und diskreter.

- Und schließlich: Lächeln. Das ist mein wichtigster Rat an meine Kunden. Lächeln setzt beruhigende Neurotransmitter frei, stärkt Ihre Stimme und verbindet Sie mit anderen.

Wir haben uns also damit beschäftigt, wie man einen guten Start hinbekommt, wie man großartige Interaktionen ermöglicht und wie man mit Selbstvertrauen spricht. Aber manchmal liegt das eigentliche Geheimnis großartiger Meetings darin, was passiert, nachdem Sie sich abgemeldet haben. Darauf gehen wir als Nächstes ein.

Meetings ohne Follow-up zerstören die Initiative und kosten Glaubwürdigkeit.

Kapitel 11

Abschluss der Besprechung und Nachbereitung

Haben Sie schon einmal an einer tollen Brainstorming-Sitzung teilgenommen? Die Ideen sprudelten, es wurde viel gelacht, und Sie waren gespannt auf das, was als Nächstes kommen würde - aber dann gab es keine Nachbereitung und nichts änderte sich. Solche Besprechungen sind *mehr* als nur Zeitverschwendung. Sie zerstören die Initiative und kosten die Führung massiv an Glaubwürdigkeit.

Meetings ohne Follow-up zerstören die Initiative und kosten Glaubwürdigkeit.

Allzu oft sind Vortragende und Moderatoren so sehr darauf konzentriert, die Sitzung zu Ende zu bringen - und so erleichtert, dass sie fast fertig sind -, dass sie nicht darüber nachdenken, wie sie ihre Rede beenden. Das ist wie bei einem Piloten, der im Landeanflug in die Kabine geht, um etwas zu trinken. Sie müssen das Ding trotzdem landen!

Fast genauso schlimm ist es, wenn man die Sitzung beendet, aber keine Folgemaßnahmen ergreift. Das ist so, als würde man das Flugzeug auf der Rollbahn stehen lassen und die Passagiere nicht aussteigen lassen. Schauen wir uns also an, wie Sie Ihr virtuelles Meeting landen und die Teilnehmer dorthin bringen, wo sie sein sollen.

MISSION ERFÜLLT?

Die erste Frage ist, *wann* eine Besprechung beendet werden soll. Allgemein gesprochen, sind hier die Ziele, die Sie für jede Art von Besprechung erreichen müssen:

Informativ: Wurden die notwendigen Informationen vermittelt und wurden sie verstanden? Ignorieren Sie diesen letzten Teil nicht.

Motivierend: Dies ist vielleicht schwieriger zu beurteilen, aber fragen Sie, ob die Teilnehmer inspiriert und ausgerüstet waren, um _____.

Überzeugend: Wurde den Teilnehmern ein zwingender Grund gegeben, zu glauben, dass es in ihrem besten Interesse ist, ____ zu tun/zu kaufen, *und* wurde ihnen ein klarer "Aufruf zum Handeln" gegeben?

Kollaborativ: Wurde das Gruppendenken ausgemerzt und wurde das Thema von allen Seiten umfassend geprüft? Wurden die Schlussfolgerungen festgehalten und gibt es einen soliden Plan für die nächsten Schritte?

Exekutive: Wurden alle Entscheidungen getroffen und gibt es einen soliden Plan für deren Umsetzung?

Nachbesprechung und Feedback: Wurde die Veranstaltung oder das Produkt vollständig untersucht, mit guten und schlechten Ergebnissen, und gibt es einen Plan für die Umsetzung der Erkenntnisse in der Zukunft?

Networking und Verbindungen: Konnten die Teilnehmer gemeinsame Interessen finden, sowohl persönlich als auch beruflich, und wurden ihnen die Mittel an die Hand gegeben, um offline Kontakte zu knüpfen?

Kehren Sie von diesen allgemeinen Zielen zum Zweck Ihres Treffens und der Tagesordnung zurück. Wurden diese Ziele erreicht?

Wenn das erledigt ist, hier ist die Regel: Eine Sitzung sollte beendet werden, wenn die Ziele erreicht wurden oder das geplante Ende erreicht ist, *je nachdem, was zuerst eintritt.*

Eine Besprechung sollte beendet werden, wenn ihre Ziele erreicht sind oder sie ihr geplantes Ende erreicht hat, je nachdem, was zuerst eintritt.

Ich kann diesen letzten Teil nicht genug betonen. Wenn Sie das Ziel in der Hälfte der Zeit erreicht haben, beenden Sie es. Keiner wird sich beschweren. Aber ansonsten sollten Sie eine Besprechung immer pünktlich beenden, auch wenn die Ziele nicht erreicht worden sind. Und warum? Weil Besprechungen wie heiße Luft sind - sie dehnen sich aus oder ziehen sich zusammen, um in den gegebenen Raum zu passen. Wie bei meinen Vorstandssitzungen in Kapitel 6 wird die Durchsetzung eines Zeitlimits die Effizienz steigern.

Meetings sind wie heiße Luft - sie dehnen sich aus oder ziehen sich zusammen, um sich dem gegebenen Raum anzupassen.

Es gibt jedoch zwei wichtige Ausnahmen. Erstens braucht man für das Brainstorming genügend Zeit, um die kreativen Säfte zum Fließen zu bringen. Manchmal kommen einem die besten Ideen *erst, wenn* man denkt, dass schon alles klar ist.

Zweitens kann es vorkommen, dass ein Notfall eine längere Vorstandssitzung erforderlich macht - manchmal muss man tun, was man tun muss. Aber vergessen Sie nie, wie leicht Ausnahmen zur Regel werden können.

MIT EINER SCHLEIFE EINPACKEN

Wenn es an der Zeit ist, das Gespräch zu beenden, sollten Sie es absichtlich mit diesen drei Elementen abschließen: 1) ein zusammenfassendes Schlusswort, 2) klare nächste Schritte und 3) eine dankbare Verabschiedung.

1. ZUSAMMENFASSENDES SCHLUSSWORT

Es gibt ein Zitat, das Schriftstellern und Rednern vertraut ist, das aber auch für Präsentatoren gilt: "Sagen Sie ihnen, was Sie ihnen sagen werden, sagen Sie es ihnen, und sagen Sie ihnen, was Sie ihnen gesagt haben."

"Sagen Sie ihnen, was Sie ihnen sagen werden, sagen Sie es ihnen, und sagen Sie ihnen, was Sie ihnen gesagt haben." Es ist nicht nur eine Frage der Wiederholung:

Sagen Sie ihnen, was Sie ihnen sagen werden... " Indem Sie die Tagesordnung im Voraus verschicken, versetzen Sie die Teilnehmer in den richtigen mentalen Zustand, um sich voll und ganz auf den Inhalt einzulassen.

"...sag ihnen..." Dies ist das Treffen selbst.

"...und sagen Sie ihnen, was Sie ihnen gesagt haben." Schließen Sie immer mit einer kurzen Zusammenfassung ab, die das Ganze in größtmöglicher Kürze zusammenfasst.

Bei Meetings, bei denen der Referent im Mittelpunkt steht, haben Sie den Vorteil, dass Sie den Inhalt im Voraus kennen, so dass Sie ein kurzes Schlusswort formulieren können, das so prägnant ist, dass es jeder mitschreiben möchte.

Bei teilnehmerorientierten Besprechungen sollten Sie sich während der Besprechung Notizen machen, damit Sie am Ende alles in einer knappen Erklärung zusammenfassen können, die sowohl die Teilnehmer würdigt als auch ihre Gedanken zusammenfasst.

Haben Sie hier ein Thema entdeckt? Maximale Prägnanz, kurz und bündig. Halten Sie die Zusammenfassung wirklich kurz. Buchstäblich nicht länger als ein oder zwei Minuten. Es gibt nichts Schlimmeres, als zu denken, dass die Sitzung vorbei ist, und dann eine als Zusammenfassung getarnte Rede ertragen zu müssen. Dies ist ein bewährtes Mittel, um die Teilnehmer dazu zu bringen, sich geistig abzumelden, bevor Sie zu den nächsten beiden entscheidenden Elementen kommen.

2. KLARE NÄCHSTE SCHRITTE

Sie haben wahrscheinlich bemerkt, dass die Ziele, die ich für jede Art von Besprechung angegeben habe, eine Art von Aktionsschritten beinhalten. Ganz gleich, welche Art von Besprechung Sie leiten, es gibt etwas, das danach *geschehen* soll. Es ist Ihre Aufgabe, die Besprechung zu beenden, indem Sie diese nächsten Schritte klar und deutlich machen.

3. EIN DANKBARES LEBEWOHL.

Danken Sie den Leuten für ihr Kommen und meinen Sie es ernst. Es ist mir egal, ob Sie sie für ihre Anwesenheit bezahlt haben, sie haben Ihnen trotzdem einen Teil ihrer wertvollsten Ressource zur Verfügung gestellt. Geben Sie ihnen danach die "Erlaubnis", sich abzumelden, bieten Sie aber an, noch eine Weile zu bleiben, falls jemand zusätzliche Fragen hat.

FOLLOW UP

Sie sind fast fertig, aber noch nicht ganz. Der letzte Schritt ist eine schriftliche Nachbereitung per E-Mail, Slack oder einem anderen von Ihnen verwendeten Tool. Sie muss nicht lang sein - sie *sollte* nur lang genug sein, um alle an die wichtigsten Ideen, die getroffenen Entscheidungen und die Aktionspunkte (mit Zuweisungen) zu erinnern.

Der letzte Punkt ist das Geheimnis erfolgreicher Besprechungen: Es muss sichergestellt werden, dass jeder weiß, wer für welche Aufgabe verantwortlich ist. Indem Sie diese Verantwortlichkeit schaffen, verbessern Sie die Chancen, dass die Besprechung ihre Ziele erreicht, erheblich. Bei überzeugenden Besprechungen ist dies ein guter Ort, um einen weiteren Aufruf zum Handeln zu geben.

Indem Sie diese Verantwortlichkeit schaffen, erhöhen Sie die Chancen, dass die Besprechung ihre Ziele erreicht, erheblich.

Und noch etwas: Wenn Sie ein besserer Präsentator werden wollen, fügen Sie eine kurze Umfrage ein, in der Sie fragen, was den Teilnehmern gefallen hat und was verbessert werden muss.

———————————

Das berühmte Sprichwort "For the Want of a Nail" endet mit "For want of a battle the kingdom was lost. Und alles nur wegen eines Hufeisennagels." Ein Königreich ist eindeutig wichtiger als ein Nagel, genauso wie alles, was Sie bis jetzt gelesen haben, wichtiger ist als "das technische Zeug". Aber der technische Kram kann all Ihre harte Arbeit ruinieren, also werden wir uns als Nächstes damit befassen, beginnend mit Ihrer Einrichtung.

TEIL VIER: **EINRICHTEN**

Eine professionelle Einrichtung vermittelt Autorität.

Kapitel 12:

Für den Erfolg gerüstet

Wir nennen dies das digitale Zeitalter, aber wir könnten es genauso gut das visuelle Zeitalter nennen. Einige Leserinnen und Leser erinnern sich vielleicht gar nicht mehr an die Zeit vor Selfies, als man sich jedes Bild wegen der Kosten für Film und Entwicklung genau überlegen musste. Im Guten wie im Schlechten haben uns die Digitalkameras (die sich als Smartphones ausgeben) einen Einblick in das tägliche Leben der anderen gewährt.

Die Qualität dieser Kameras hat sich in den letzten zehn Jahren enorm verbessert, so dass inzwischen Spielfilme mit iPhones gedreht werden können. Ihr nächstes Zoom-Meeting muss nicht unbedingt oscarverdächtig sein, aber die Qualität Ihrer Ausrüstung und Einrichtung darf zumindest nicht von Ihrer Botschaft ablenken.

Ich vertraue darauf, dass Sie nicht das Minimum tun wollen.

Ihre Einrichtung spiegelt direkt Ihre Professionalität wider. Ein körniges Bild in einem schlecht beleuchteten Raum vermittelt eine Sache. Ein scharfes, gut beleuchtetes Bild sagt etwas anderes aus. In diesem Kapitel befassen wir uns mit Ihrer Ausrüstung und wie Sie sie einrichten. In der PR spricht man von "Optik". Betrachten Sie das Ganze als "persönliche PR".

Ihre Einstellung spiegelt direkt Ihre Professionalität wider.

VIRTUELLES SETUP

Ihre virtuelle Einrichtung umfasst alle Elemente, die für die Schaffung eines professionellen Online-Bereichs erforderlich sind:

1. Ausrüstung (Kamera, Mikrofon, Beleuchtung, usw.)

2. Ihr physischer Standort und Ihre Kulisse

3. Software (Webkonferenzplattform, Präsentationssoftware, Anwendungen wie Kahoot usw.)

Alles, was man Ihnen über die Macht des ersten Eindrucks beigebracht hat, gilt direkt für Ihre Einrichtung. Die von Ihnen verwendete Kamera, die

Qualität Ihres Tons und das Aussehen Ihres Hintergrunds vermitteln jedem, der an einem virtuellen Treffen mit Ihnen teilnimmt, etwas.

Denken Sie an einige der Online-Inhalte, die Sie gesehen haben. Vergleichen Sie zum Beispiel eine spontane Rede, die jemand mit dem Telefon in einem lauten Einkaufszentrum aufgenommen hat, mit einer gut inszenierten Rede, die jemand mit einer hochwertigen Kamera und einem montierten Yeti-Mikrofon gehalten hat.

Ersteres eignet sich vielleicht für einen Motivationsredner, der eine spontane Rede hält.

"Wenn Sie eine etablierte Plattform haben, die so groß ist wie die der Kardashians, können Sie sich das vielleicht erlauben, aber der Rest von uns muss auf seine Präsentation achten. Ein professioneller Auftritt vermittelt: "Ich weiß, was ich tue". Es vermittelt Autorität und Zielstrebigkeit.

Eine professionelle Einrichtung vermittelt Autorität.

Was soll Ihre virtuelle Einrichtung über Sie aussagen? Nicht jeder wird die gleiche Antwort haben. Sie wird von Ihrer Branche, Ihren Zielen und Ihrem Publikum bestimmt. Aber Sie müssen jeden Aspekt Ihrer Einrichtung durchdenken und wissen, was er aussagt.

Finden Sie eine Möglichkeit, Ihr nächstes virtuelles Meeting aufzuzeichnen, und sehen Sie es sich an, als wären Sie ein potenzieller Kunde. Untersuchen Sie die Schärfe des Videos, die Klarheit des Tons, die Geräusche im Hintergrund, den Eindruck, den Ihr Hintergrund hinterlässt, usw. Würden Sie Sie engagieren?

INVESTITIONEN IN IHRE ZUKUNFT

Erinnern Sie sich an Ihren ersten Job, der schönere Kleidung erforderte? Der Wechsel von einer gemeinnützigen Einrichtung in Kalifornien, wo kurze Hosen die Norm waren, zu einer beratenden Vertriebsposition im Nordwesten bedeutete, dass ich mir eine neue Garderobe zulegen musste. Das war keine kleine Ausgabe, aber ich verstand, dass dies zu den Kosten des Geschäftsbetriebs gehörte.

Ich finde es lustig, dass manche Leute begeistert sind, wenn sie eine Anzugsjacke für "nur" 400 Dollar finden, aber sich sträuben, wenn ich ihnen sage, dass sie eine 40-Dollar-Kamera für virtuelle Meetings kaufen sollen.

"Was ist mit der Kamera auf meinem Computer falsch?", fragen sie. Ich versuche ihnen klarzumachen, dass ihre Einrichtung nur eine weitere Ausgabe ist, genau wie ihr Outfit.
Die Ausrüstung ist die Garderobe der modernen Zeit.

Die Ausrüstung ist die Garderobe der modernen Zeit.

Sie müssen bereit sein, eine Investition in Ihre Einrichtung zu tätigen. In diesem neuen Zeitalter der virtuellen Kommunikation ist Ihre virtuelle Ausrüstung Teil Ihres Handwerkszeugs geworden. So wie ein Maler gute Pinsel braucht, brauchen Sie eine gute Kamera. So wie ein Koch rutschfeste Schuhe braucht, brauchen Sie einen Ständer, der Ihren Computer auf Augenhöhe hält.

Das ist die schlechte Nachricht. Die gute Nachricht ist, dass es nicht teuer sein muss. Tatsächlich können Sie eine solide virtuelle Einrichtung für weniger als 150 $ aufbauen. Auch wenn Ihre spezielle Situation die Dinge ein wenig verändern kann, sind hier die wichtigsten Dinge, in die Sie investieren müssen. Sie müssen nicht alles auf einmal ausgeben. Überlegen Sie beim Lesen, welche Dinge für Sie die höchste Priorität haben.

1. KAMERA

Dies ist in der Regel die erste Stelle, an der man Geld ausgeben möchte, weil sie die größte Verbesserung bringt. Ich hatte eine Kundin, deren Job viele Online-Präsentationen erforderte, und sie erkannte, wie viel professioneller eine großartige Kamera sie aussehen lassen würde. Also investierte sie in die von mir empfohlene 200-Dollar-Kamera (die Logitech BRIO-Webcam), und der Unterschied war unglaublich. Teurere Kameras haben nicht nur mehr Funktionen, sondern auch bessere Objektive, was entscheidend ist (selbst wenn Filme mit einem iPhone gefilmt werden, wird häufig ein spezielles Objektiv angebracht).

Wenn Sie nicht so viel Geld ausgeben können, gibt es eine Menge toller Kameras für unter 50 Dollar. Meine persönliche Faustregel ist, nach Kameras zu suchen, die mehr als 1.000 Bewertungen und 4,5 Sterne haben. Allerdings sollten Sie sich ein wenig mit den Bewertungen befassen. Lesen Sie einige der Bewertungen mit weniger Sternen. Sie könnten ein Problem ans Licht bringen, das für Sie problematisch wäre, z. B. dass die Kamera nicht mit Ihrem Computer kompatibel ist.

Die meisten Kameras lassen sich oben auf dem Bildschirm befestigen, aber für Ihre Einrichtung ist möglicherweise eine Art Halterung erforderlich. Gute Schwanenhals-Halterungen gibt es schon für etwa 25 $. Der Vorteil dieser Halterungen ist die extreme Flexibilität bei der Positionierung Ihrer Kamera. Der Nachteil ist, dass sie anfälliger für Vibrationen sind als ein Stativ und selbst beim Tippen könnte die Kamera wackeln - etwas, das die anderen Teilnehmer unbedingt vermeiden wollen!

Wenn Sie die virtuelle Kommunikation für professionelle Präsentationen oder Webinare nutzen, können Sie auch mehrere Kameras verwenden und gelegentlich den Blickwinkel wechseln, um das Interesse aufrechtzuerhalten. Sie können das so aufwändig (und teuer) machen, wie Sie wollen, aber fangen Sie klein an, indem Sie eine zweite Kamera an Ihren Computer anschließen und bei Bedarf wechseln, indem Sie in den Einstellungen Ihrer Webkonferenzplattform abwechselnde Kameras auswählen. Ich verwende insgesamt drei separate Kameras, das Blackmagic ATEM Mini Pro (Umschaltplatine) und aktive Webcam-Konverter, die meinen virtuellen Keynotes ein sehr hochwertiges Gefühl verleihen.

2. BELEUCHTUNG

Das zweitwichtigste Element Ihrer Einrichtung ist die Beleuchtung. Schummerig beleuchtete Räume wirken unprofessionell. Der falsche Weißton kann Sie kränklich aussehen lassen. Es gibt einige kostengünstige Tricks, wie z. B. eine gut platzierte Lampe oder die Aufstellung vor einem Fenster für natürliches Licht.

Ich verwende derzeit vier 100-Dollar-Leuchten (Neewer Metal 10,6 Zoll Round LED Video Light with Stand) und zwei 75-Dollar-Softboxen für die Deckenmontage. LED bedeutet weniger Stromverbrauch und eine niedrigere Temperatur (was wichtig ist, wenn man sechs Stück hat!). Bei den Neewer-Leuchten können Sie unter anderem die Farbe von Kaltweiß zu einem wärmeren Weiß ändern.

Der Grund, warum ich so viel Licht brauche, ist, dass ich mein ganzes Büro als Studio benutze und mich bei virtuellen Vorträgen bewege. Wenn Sie planen, an einem Ort zu bleiben, brauchen Sie nicht annähernd so viel Beleuchtung. Das Lume Cube Videokonferenz-Beleuchtungsset ($70) ist eine großartige Option. Es gibt viele gute Beleuchtungsoptionen im Bereich von $20 bis $40.

Beim Einrichten der Beleuchtung sollten Sie darauf achten, dass das Licht gleichmäßig verteilt ist und Sie nicht ausblendet. Experimentieren Sie, bis Sie die besten Ergebnisse erzielen. Je nach Raum müssen Sie vielleicht auch in Verdunkelungsvorhänge investieren (20 $).
Einige können auch bei Außengeräuschen helfen.

Ergo-Spitze

Platzieren Sie das Licht nicht direkt neben der Kamera und vermeiden Sie Kombinationen aus Kamera und Licht. Andernfalls starren Sie die ganze Sitzung über in ein Licht. Das ist anstrengend für die Augen und geistig ermüdend.

3. MIC

Wichtiger als Ihre Kamera ist wohl Ihr Mikrofon. Ein Online-Meeting ohne Video ist frustrierend; ein Meeting ohne Audio ist sinnlos. Ihr Mikrofon beeinflusst die Qualität und den Ton Ihrer Stimme, was sich darauf auswirken kann, wie Sie wahrgenommen werden - würden Sie lieber wie Morgan Freeman oder Meryl Streep oder wie Mickey oder Minnie Mouse klingen? Außerdem beeinflusst Ihr Mikrofon, wie stark die Umgebungsgeräusche von den anderen Teilnehmern wahrgenommen werden.

Es gibt nicht die eine richtige Option für Ihr Mikrofon-Setup - es hängt von Ihrer Verwendung ab. Das Yeti-Mikrofon ist sehr beliebt, und das aus gutem Grund. In Verbindung mit einem Poppschutz und Ohrhörern/Kopfhörern bietet es eine hervorragende Klangqualität. Aufgrund seiner niedrigen Frequenzen klingt Ihre Stimme voller und autoritärer. Außerdem hat es ein sehr professionelles Aussehen, das einem Radiostudio sehr ähnlich ist. Der Nachteil ist, dass Sie sich damit nur eingeschränkt bewegen können. Und sie kosten um die 150 Dollar.

Obwohl ich das Yeti-Mikrofon verwende, bin ich auch ein Fan des FIFINE Studio Condenser USB Microphone. Mit 60 $ ist es nicht nur erschwinglich, sondern funktioniert auch hervorragend und wird mit einem professionellen Ständer geliefert.

Eine weitere Option ist ein vollwertiges Headset (Kopfhörer/Mikrofon-Kombination) wie das Logitech USB Headset H390 ($25). Es hat ein Mikrofon mit Rauschunterdrückung und eine gute Klarheit.

Wo wir gerade über Headsets sprechen: Ich persönlich benutze sie nicht, weil ich ein bestimmtes Erscheinungsbild erreichen möchte, vor allem, wenn ich eine Grundsatzrede halte. Ich möchte, dass meine Teilnehmer so weit wie möglich vergessen, dass ich nicht physisch anwesend bin, und Headsets lenken die Aufmerksamkeit auf diese Tatsache (haben Sie schon einmal eine Rede gehört, die von einer Person gehalten wurde, die ein großes Headset trug?).

Trotzdem können Headsets eine gute Option für Sie sein, vor allem wenn Sie in einer lauten Umgebung arbeiten - spielende Kinder und bellende Hunde im Hintergrund sind nicht gerade professionell. Und ich verwende AirPods häufig für schnelle, informelle Meetings mit langjährigen Kunden oder Lieferanten in einem Café - aber niemals für ein Erstgespräch mit einem potenziellen Kunden!

4. SCHREIBTISCH ODER COMPUTERSTÄNDER

Wie ich bereits sagte, müssen Sie Ihre Kamera so behandeln, als wären es die Augen der anderen Teilnehmer. Sie muss also direkt über Ihrem Bildschirm angebracht werden, damit Sie darauf schauen und dann leicht auf die Gesichter der Teilnehmer herabschauen können. Ich habe auch darüber gesprochen, wie wichtig es ist, dass die Kamera für Sie auf Augenhöhe ist. Je nachdem, wie Sie sich eingerichtet haben, müssen Sie Ihren Computer möglicherweise neu positionieren. Ein verstellbarer Computerständer kann eine kostengünstige Option sein, die in der Regel um die 20 Dollar kostet. Die Verwendung eines solchen Ständers kann jedoch eine Bluetooth-Tastatur und -Maus erforderlich machen, damit Sie weiterhin an Ihrem Computer arbeiten können, auch wenn dieser vom Schreibtisch angehoben ist (40 $).

Eine teurere Option ist ein Stehpult. Ich habe einen elektrisch verstellbaren Flexispot-Schreibtisch (ca. 250 $), mit dem ich meinen Schreibtisch mit einem einzigen Knopf anheben und absenken kann und so die Vorteile des Stehens nutzen kann.

DIE MACHT DES STEHENS

Haben Sie schon einmal einen Opernsänger gesehen, der von einem Hocker aus singt? Um mit so viel Kraft zu singen, muss man die volle Lungenkapazität nutzen. Probieren Sie es einfach mal aus: Atmen Sie im Sitzen und dann im Stehen so tief wie möglich ein. Wenn es um öffentliches Reden geht, ist der Atem die Kraft. Wenn ich meine Vorträge im Stehen halte, habe ich mehr Kraft, mehr Kontrolle über meine Stimme und eine bessere Präsenz.

Atem ist Macht.

Wenn wir schon dabei sind: Kontrolliertes Atmen ist eine der wichtigsten Taktiken in *Speak With No Fear*. Wenn Sie sich die Zeit nehmen, tief durchzuatmen, beruhigen Sie sich von innen heraus. Eine Atempause ist ein wirkungsvolles rhetorisches Mittel. Und Studien zeigen, dass tiefes Atmen mit Ruhe, Stille und Gelassenheit in Verbindung gebracht wird. Umgekehrt sind kurze Atemzüge charakteristisch für Panikattacken.

Und das Atmen ist im Stehen viel einfacher.

Sie müssen nicht bei jeder Sitzung stehen, aber es ist eine Überlegung wert, wenn Sie eine Präsentation halten. Probieren Sie es aus, was haben Sie zu verlieren?

5. HINTERGRUND

Nach dem Anschlag vom 11. September 2001 auf Amerika wandte sich Präsident George W. Bush vom Oval Office aus an die Nation. Der Präsident saß an einem großen Schreibtisch, der bis auf zwei lederne Aktenordner leer war. Hinter ihm befanden sich einige Familienfotos, und auf beiden Seiten wurde er von der amerikanischen Flagge und der Präsidentenflagge flankiert. Während Bush sprach, wurde die Kamera auf ihn gerichtet und zeigte ihn nur von den Schultern aufwärts, die rot-weißen Streifen der US-Flagge auf der einen Seite und die mit Pfeilen gespickte Adlerkralle auf der anderen. Während der gesamten vierminütigen Rede dominierten diese Kriegssymbole schweigend das Bild.

Unabhängig davon, was man von den Ereignissen nach 9/11 hält, war die Absicht klar. Amerika reagierte mit Trotz.

Vielleicht müssen Sie sich nie in einem so entscheidenden Moment an eine Nation wenden, aber Sie können dennoch lernen, Ihren Hintergrund bewusst zu gestalten.

Betrachten Sie es einmal so. Wenn Sie wüssten, dass Ihr CEO oder ein potenzieller Kunde Ihr Büro besuchen würde, würden Sie sich dann Zeit nehmen, um aufzuräumen? Vielleicht würden Sie sorgfältig ein Projekt auswählen, das Sie auf Ihrem Schreibtisch ablegen, und einen Blick auf die Bücher in Ihrem Bücherregal werfen. Wenn Sie sich über seine politische Einstellung im Unklaren wären, würden Sie vielleicht die politischen Comics beiseite legen. Kurzum, Sie würden Ihr Büro mit den Augen eines Außenstehenden betrachten und überlegen, was es aussagt.

Der Blick der Kamera ist quasi Ihr virtuelles Büro. Was sagt Ihr Büro über Sie aus?

Der Blick der Kamera ist quasi Ihr virtuelles Büro.

Nutzen Sie diese beiden Grundsätze für die Gestaltung Ihres Hintergrunds:

Erstens sollte Ihr Hintergrund nicht ablenkend sein. Er sollte die Aufmerksamkeit der Teilnehmer nicht von Ihnen oder der Besprechung ablenken. Hier sind einige Vorschläge:

- Achten Sie darauf, dass alles sauber und aufgeräumt ist. Wenn Sie denken, es könnte zu viel los sein, ist es das wahrscheinlich auch.

- Sorgen Sie für Ordnung: Viele Menschen (insbesondere solche mit ADHS) haben Schwierigkeiten, wenn es unordentlich ist.

- Vermeiden Sie ablenkende Gesprächsgegenstände: Eine lebensgroße Chewbacca-Lego-Skulptur mag zwar cool sein, aber Sie wollen nicht, dass sich die Leute auf sie konzentrieren, anstatt auf Sie.

- Vermeiden Sie kontroverse Themen. Ob sie nun politischer oder religiöser Natur sind, sie könnten Ihr Publikum zu vorschnellen Urteilen veranlassen.

Zweitens: Ihr Hintergrund sollte etwas über Sie aussagen. Sie wollen Professionalität und Autorität vermitteln:

- Sorgen Sie für einen speziell gestalteten Platz, der aussagt: "Das ist mein Job, und ich nehme ihn ernst." Eine leere weiße Wand oder der Blick auf Ihren Kleiderschrank tun dies nicht.

- Mit einer geschmackvollen Dekoration können Sie Ihren Sachverstand unter Beweis stellen. Wenn Dekoration nicht Ihr Ding ist, finden Sie jemanden, der Ihnen helfen kann.

- Sorgen Sie dafür, dass die Dekoration zu Ihrem Fachgebiet passt, aber halten Sie sie dezent. Protzigkeit kann sehr abtörnend sein.

- Ziehen Sie auch Gegenstände in Betracht, die Autorität demonstrieren - wenn Sie ein Guru der Popkultur sind, ist der Chewbacca aus Lego vielleicht gar keine so schlechte Idee.

Ihr Hintergrund sollte Professionalität und Autorität vermitteln.

Für meine übliche Einrichtung habe ich einen Hintergrund aus gestörtem Holz, der mich einrahmt, einige lebende Pflanzen und ein einfaches Bücherregal, in dem meine meistverkauften Bücher neben meiner Patrick Lencioni-Sammlung stehen.

Virtuelle Gelegenheit

Die virtuelle Kommunikation ermöglicht es Ihnen, die Realität zu schaffen, die Sie präsentieren möchten. Mit etwas kreativem Design können Sie Ihr Büro professioneller gestalten. Mit kleinen Tricks können Sie ein körperliches Merkmal verbergen, das Ihnen immer ein schlechtes Gewissen bereitet hat. Wenn Sie Ihre Notizen wie einen Teleprompter auf dem Bildschirm anzeigen, kann es so aussehen, als würden Sie aus dem Gedächtnis arbeiten.

Der Punkt ist, dass die virtuelle Kommunikation eine ganz neue Trickkiste eröffnet, die Sie nutzen können, um Ihre Autorität und Ihren Einfluss zu erhöhen!

Vielleicht denken Sie jetzt: "Keine Sorge. Ich verwende einfach einen virtuellen Hintergrund." Dazu gibt es unterschiedliche Meinungen, aber ich bin aus mehreren Gründen kein Fan davon. Erstens erfüllen sie den ersten Grundsatz, nicht abzulenken, nur halbwegs, sagen aber nicht viel über Sie aus und wirken weniger authentisch.

Zweitens ist der Mensch von Natur aus misstrauisch. Wenn ich einen virtuellen Hintergrund sehe, frage ich mich, was er verbirgt und was *wirklich* im Hintergrund ist!

Drittens: Die Technologie ist nicht perfekt. Man kann immer erkennen, ob eine Person sie benutzt, vor allem wenn sie sich bewegt. Wenn Sie zu schnell mit der Hand gestikulieren, verschwindet sie vorübergehend. *Das ist sehr störend!*

Im Grunde empfehle ich einen virtuellen Hintergrund nur als das kleinere Übel. Wenn Sie einen verwenden müssen, hier einige Vorschläge:

- Wählen Sie Ihr Hintergrundbild sorgfältig aus. Achten Sie darauf, dass es professionell ist und nicht ablenkt.
- Verwenden Sie eine gute Beleuchtung, damit die "Green Screen"-Technologie besser funktioniert.
- Testen Sie das Outfit, das Sie tragen wollen.
- Üben Sie, sich nicht zu schnell zu bewegen.

60-Sekunden-Fix

Googeln Sie "Zoom-Meetings" und überfliegen Sie die Bilder, wobei Sie sich nur auf den realen oder virtuellen Hintergrund der Teilnehmer konzentrieren. Was hat Ihnen gefallen und was nicht?

6. BILDAUSSCHNITT

Ich habe vor kurzem einen Workshop über virtuelle Kommunikation für über 100 Designer bei Adobe geleitet, und es war etwas nervenaufreibend, als ich zu dem Teil kam, in dem es um die Gestaltung der Aufnahme ging. Sie sind die Experten auf diesem Gebiet! Ich konnte einfach "Drittel-Regel" sagen und sie wussten genau, was ich meinte.

Grundsätzlich ist die Drittel-Regel ein Prinzip, das Fotografen und Videofilmer verwenden, um Aufnahmen so zu gestalten, dass sie visuell interessant und angenehm für das Auge sind.

Und so funktioniert es. Stellen Sie sich vor, Sie zeichnen ein Tic-Tac-Toe-Brett über dieses Bild und teilen es in neun gleiche Abschnitte. Die vier Punkte, an denen sich die beiden horizontalen und vertikalen Linien schneiden, bilden die stärksten Brennpunkte, und die Linien selbst bilden die zweitstärksten Brennpunkte. Versuchen Sie, diese Brennpunkte zu nutzen, anstatt die Kamera nur auf das Motiv zu richten. Beachten Sie im folgenden Bild, dass sich der Kopf des Kindes am oberen rechten Schnittpunkt befindet. Sein Körper folgt der linken vertikalen Linie, und der linke obere Schnittpunkt befindet sich zwischen seinen Augen.

Wie lässt sich dies auf Ihre Einrichtung übertragen? Neben der Einstellung der Kamera auf Augenhöhe sollten Sie auch darauf achten, wie Ihr "Bild" - also das, was die anderen Teilnehmer sehen - eingerahmt ist. Viele Kameras verfügen über eine Funktion zum Hinzufügen eines Rasters nach der Drittel-Regel". Schalten Sie diese Funktion ein und spielen Sie damit, wie Sie sich einrahmen. Versuchen Sie, Ihren Blick auf der oberen Linie zu halten und dann nach links und rechts zu bewegen. Welche Objekte in Ihrem Hintergrund passen zu den Brennpunkten und erzeugen Interesse? (Beachten Sie, dass sich bei meiner Standaufstellung meine Augen auf der oberen Linie befinden und mein Bücherregal und meine Ellbogen im unteren Drittel liegen).

Der zusätzliche Vorteil, den Blick auf der oberen Linie zu halten, ist, dass Sie einen angemessenen Abstand zur Kamera einhalten. Näher wollen Sie nicht heran, sonst haben Sie das Gefühl, in den persönlichen Raum der Teilnehmer einzudringen, was für sie emotional belastend ist. Aber Sie sollten auch nicht zu weit weg sein. Durch diese Positionierung wird auch der volle Bewegungsumfang Ihrer Schulter sichtbar. Das ist wichtiger, als Sie denken, denn wir kommunizieren viel mit unseren Schultern.

60-Sekunden-Fix

> *Googeln Sie noch einmal "Zoom-Meetings", aber achten Sie diesmal darauf, wie die Aufnahmen gestaltet sind. Welche haben sich besser "angefühlt"? Können Sie die Drittel-Regel bei der Arbeit sehen?*

Wie ich bereits gesagt habe, sind diese ersten fünf Minuten kostbar, und Sie können es sich nicht leisten, sie zu vergeuden, während Sie arbeiten:

- Finden Sie Ihr Mikrofon heraus.

- Halten Sie Smalltalk.

- Bearbeiten Sie Ihre Folien.

- Laden Sie eine Präsentationssoftware.

- Ziehen Sie in einen anderen Raum um oder wechseln Sie den Computer für eine bessere Verbindung.

Das nächste Kapitel befasst sich mit Dingen, die für Ihre Präsentation ausschlaggebend sein können, wie Software und Konnektivität. Dann zeige ich Ihnen, wie Sie einen Übungsanruf durchführen können, der alles aus den Kapiteln 12 und 13 miteinander verbindet.

Gehen Sie niemals ohne eine Generalprobe in voller Montur in Ihre große Präsentation.

Kapitel 13

Wählen Sie die richtigen Werkzeuge

Wenn man einen Computer als Analogie verwendet, könnte man alles im letzten Kapitel locker mit der Hardware vergleichen. Jetzt werden wir uns auf die Software konzentrieren (im übertragenen und im wörtlichen Sinne). Wir beginnen mit der Plattform - den Diensten, die Ihre virtuellen Meetings ermöglichen. Dann werden wir uns mit der Präsentationssoftware befassen - Tools, mit denen Sie mehr als nur Ihr Gesicht zeigen können.

Dieser Artikel soll Ihnen bei der Auswahl der zu verwendenden Werkzeuge helfen, bietet aber auch einen guten Überblick über die Möglichkeiten. Wahrscheinlich müssen Sie mit mehr als einem System vertraut sein.

GRUNDLAGEN VIRTUELLER KOMMUNIKATIONSPLATTFORMEN

Es scheint kein Ende der virtuellen Kommunikationssoftware und -plattformen zu geben, die alle für unterschiedliche Benutzertypen konzipiert sind. Bevor Sie sich für eine entscheiden, müssen Sie Ihre eigenen Bedürfnisse kennen. Hier sind die wichtigsten Elemente, die Sie beachten sollten:

Verfügbarkeit: Vergewissern Sie sich, dass jeder, der an Ihrer Besprechung teilnehmen soll, die Plattform nutzen kann. Facetime zum Beispiel ist die meistgenutzte Videokonferenzplattform, funktioniert aber nur mit Apple-Produkten.

Eine gute Faustregel ist, die beliebteste Plattform zu verwenden, die für die jeweilige Aufgabe geeignet ist. Die meisten Menschen haben zumindest eine leichte Abneigung gegen Veränderungen und ziehen es vor, diese zu überspringen, anstatt ein neues Programm zu lernen. Selbst die Notwendigkeit, ein neues Passwort zu erstellen, stellt für viele eine ausreichende Hürde dar.

Die meisten Menschen haben zumindest einen leichten Widerstand gegen Veränderungen und ziehen es vielleicht vor, ein neues Programm zu überspringen, anstatt es zu lernen.

Benutzerfreundlichkeit: Einige Plattformen sind intuitiver als andere. Facebook Messenger ist die am zweithäufigsten genutzte Plattform, weil sie einfach zu bedienen ist. Aber "einfach zu bedienen" bedeutet oft auch weniger Optionen.

Reputation: Was eine Plattform verspricht und was sie hält, ist nicht unbedingt dasselbe. Recherchieren Sie den Ruf des Unternehmens auf Dinge wie:

- Konnektivität und Zuverlässigkeit: Haben sie viele Ausfallzeiten?

- Kundenservice: Kostenlose Dienste haben oft nicht mehr als eine "Wissensdatenbank". Andere bieten einen 24/7-Service.

- Sicherheit: Sind Ihre Daten dort sicher? Schützen sie Sie vor "Zoom Bombing"?

Beschränkungen: Wie viele Personen können sich treffen? Wie lange können die Treffen dauern? Dies steht in direktem Zusammenhang mit dem nächsten Punkt.

Kosten: Viele Dienste haben eine kostenlose Version, die jedoch größere Einschränkungen und weniger Funktionen aufweist. Beginnen Sie nicht mit einer kostenlosen Plattform, für die Sie nicht bereit wären, zu zahlen, wenn Sie aus der kostenlosen Version herauswachsen. Wenn Sie nicht an die Zukunft denken, bleiben Sie entweder auf einer Plattform sitzen, die nicht mit Ihnen mitwächst, oder Sie müssen die Plattform wechseln, was Sie und Ihr Team wertvolle Zeit kostet und den kostenlosen Dienst auf lange Sicht teurer macht.

Merkmale: Haben Sie eine klare Vorstellung davon, welche Funktionen Sie benötigen. Wenn Sie nur kurze Einzel-Coaching-Gespräche planen, ist die kostenlose Version von Zoom wahrscheinlich ausreichend - aber nicht, wenn Sie ein ganztägiges Webinar für tausend Personen veranstalten. Hier sind einige der wichtigsten Funktionen, auf die Sie achten sollten:

- iPhone/Android-Apps

- Chat-Tools

- Gemeinsame Nutzung von Dokumenten und Dateien

- Präsentationstools

- Einwahlmöglichkeit, die eine zuverlässigere Audioqualität und Zugänglichkeit für diejenigen bietet, die keinen guten Internetzugang haben

- Fähigkeit zur Aufzeichnung und Niederschrift der Sitzung

- Integration mit gängigen Tools wie Google Docs und Office 365

- Möglichkeit der Verwendung von aufgezeichneten und Live-Videos

- Terminplanungs-Tools

Nebenräume

ÜBERSICHT ÜBER DIE PLATTFORMEN

Aus der scheinbar unendlichen Vielfalt der Plattformen soll hier ein kurzer Überblick über einige der beliebtesten und wichtigsten Optionen gegeben werden. Ich habe sie in fünf Kategorien eingeteilt, aber in Wirklichkeit gibt es viele Überschneidungen zwischen ihnen. Je nach Situation müssen Sie wahrscheinlich mit mehreren von ihnen arbeiten können.

1. PERSÖNLICHE MITTEILUNG:

Plattformen wie *Facetime, Facebook Messenger, Google Duo, Google Hangouts, WhatsApp* und *Marco Polo* sind allesamt beliebte und einfach zu bedienende virtuelle Kommunikationsplattformen, die in der einen oder anderen Form auf Video setzen. Obwohl sie den Löwenanteil der Online-Kommunikation ausmachen, sind sie eher für die persönliche als für die berufliche Kommunikation geeignet. [xxx] Ihnen fehlen nicht nur wichtige Funktionen und sie haben erhebliche Einschränkungen, sondern sie vermitteln auch keine Professionalität. Wenn Sie einen potenziellen Kunden bitten, Sie mit Marco Polo anzusprechen, ist das so, als würden Sie "teamcul887ever91@yahoo.fr" als berufliche E-Mail-Adresse verwenden.

Heben Sie diese Plattformen für informelle Unterhaltungen mit Freunden und etablierten Kunden auf. Wichtige Ausnahme: Facebook Live hat großes Potenzial für Webinare (siehe unten).

2. VIRTUELLE MEETINGS

Dies sind die Standardplattformen für virtuelle Meetings und Webkonferenzen.

Zoom ist die bekannteste und beliebteste Plattform dieser Art. Sie ist (buchstäblich) ein Synonym für Videokonferenzen. Und das aus gutem Grund: relativ einfach zu bedienen, ein großartiges kostenloses Angebot, eine gute Leistungsbilanz und viele Funktionen, darunter Planungswerkzeuge, Breakout-Räume, Chatboxen und eine Höchstgrenze von 50.000 Teilnehmern.

Nicht weniger wichtig ist, dass es webbasiert ist und daher von jedem Gerät aus zugänglich ist. Und seine Popularität bedeutet, dass die meisten Leute wissen, wie man es benutzt. Es mag andere Plattformen mit mehr Funktionen oder günstigeren Tarifen geben, aber wenn Zoom für Sie funktioniert, würde ich empfehlen, dabei zu bleiben.

Skype liegt zwischen der persönlichen Kommunikation und dieser Kategorie. Es gibt es schon viel länger als Zoom und viele Menschen haben bereits persönliche Konten, so dass es vielen vertraut ist. Viele der Dienste sind kostenlos, aber es ist bekannt, dass es Probleme mit Pufferung und Verzögerung gibt.

GoToMeeting ist eine weitere beliebte Option und wird von einigen als die beste Option für kleine Unternehmen angesehen. Es verfügt über eine Vielzahl von Funktionen, funktioniert auf fast jedem Gerät, hat aber keine kostenlose Version.

3. PLATTFORMSPEZIFISCH

Wenn Ihr Team G Suite verwendet und mit den Tools vertraut ist, könnte Google Meet eine gute Option für Sie sein. Die Teilnehmer müssen keine G Suite-Abonnenten sein, aber sie müssen sich mit einem Gmail-Konto anmelden.

Ebenso können Office 365-Abonnenten **Microsoft Teams** für ihre virtuelle Kommunikation nutzen. Es erlaubt auch Gastteilnehmer. Angesichts der großen Präsenz von Microsoft am Arbeitsplatz ist es nicht überraschend, dass Teams eine der meistgenutzten virtuellen Kommunikationsplattformen ist.

4. INTERNE KOMMUNIKATION

Slack ist vielleicht die bekannteste Plattform für die Kommunikation innerhalb eines Unternehmens. **RingCentral Meetings** wird immer beliebter, vor allem wegen seines großzügigen kostenlosen Plans.

5. WEBINARE UND KONFERENZEN

Facebook Live wird von vielen Unternehmern effektiv für die Veranstaltung von Webinaren genutzt. Es ist kostenlos, für Facebook-Nutzer leicht zugänglich und Sie können Kunden über die bezahlte Facebook-Werbung anziehen.

ClickMeeting ist eine beliebte Wahl für kleine Unternehmen. Es ist professioneller als Facebook Live und hat viel mehr Funktionen, aber es gibt keine kostenlose Option. **ON24** ist ebenfalls hoch bewertet und bietet eine kostenlose Testversion.

VISUELLE HILFSMITTEL UND PRÄSENTATIONSSOFTWARE

Sind wir uns alle einig, dass es langweilig werden kann, jemandem *nur beim Reden zuzusehen*? Effektiv eingesetzte visuelle Hilfsmittel wie Bilder, Grafiken, Aufzählungspunkte und Videoclips machen den Vortrag nicht nur interessant und fesselnd, sondern verstärken auch Ihre Wirkung.

Jemandem nur beim Reden zuzusehen ist langweilig.

"Effektiv eingesetzt" ist entscheidend. Schlecht eingesetzte visuelle Hilfsmittel können sich sogar nachteilig auswirken. Sie können vom Inhalt ablenken, die Zuhörer ungewollt beleidigen oder Ihre Autorität untergraben. Ich habe einmal einen Kaplan beobachtet, der seine Eröffnungsandacht mit einem Videoclip von der Tanzprobe aus *Flashdance* einleitete. Was hatte das mit seiner Ansprache zu tun? Überhaupt nichts. Michael Scott aus *The Office* hätte keine unterhaltsamere Zugkatastrophe der Unbeholfenheit hinlegen können.

Im Folgenden finden Sie einige Leitprinzipien, die Ihnen helfen können, zu vermeiden, dass Sie ein Beispiel für schlecht verwendete visuelle Hilfsmittel sind:

1. SIE MÜSSEN RELEVANT UND ZIELGERICHTET SEIN.

Jedes Bild, jeder Text und jeder Clip muss einen Grund haben, warum er verwendet wird. Zeigen Sie keine Bilder vom Urlaub Ihrer Familie in Cancun, es sei denn, sie haben einen direkten Bezug zu Ihrer Präsentation. Auch nachdem Sie Ihre Folien erstellt haben, gehen Sie sie noch einmal durch und fragen Sie sich, eine nach der anderen: "Trägt dies aktiv zu meiner Aussage bei?" Hier sind einige effektive Möglichkeiten, visuelle Hilfsmittel zu verwenden:

- Verwenden Sie eine Statistik, um Interesse zu wecken oder ein Problem aufzuzeigen, das behoben werden muss.
- Erzeugen Sie mit einem Bild, einem Clip oder einem Zitat eine
- emotionale Wirkung.
- Berufung auf eine Autorität durch ein Zitat.

Fassen Sie die wichtigsten Ideen in gut formulierte, einprägsame Aussagen zusammen.

2. SORGEN SIE DAFÜR, DASS ES INTERESSANT IST.

Nur weil es wahr ist, heißt es nicht, dass es interessant ist. Und nur weil es für Sie interessant ist, heißt das noch lange nicht, dass es auch für alle anderen interessant ist. Wenn Sie in der Vergangenheit dazu neigten, über Details zu reden, die andere langweilen, sollten Sie Ihre Präsentation mit einem Freund oder Kollegen durchgehen.

Nur weil es wahr ist, heißt es nicht, dass es interessant ist.

3. STAY CURRENT.

Wenn Sie in Ihrer Präsentation den klassischen dunkelblauen Hintergrund mit schwarzer Überblendung und gelbe Aufzählungszeichen in dieser Form verwenden ❖ , dann haben Sie soeben lautstark verkündet, dass Sie noch im Jahr 1998 leben. Es wäre besser, überhaupt keine visuellen Hilfsmittel zu verwenden als solche, die Ihre Autorität schmälern. Sie müssen nicht auf dem neuesten Stand sein, aber Sie sollten nicht veraltet sein.

Sie müssen nicht auf dem neuesten Stand sein, aber Sie sollten auch nicht veraltet sein.

4. IM ZWEIFELSFALL LIEBER NICHT.

Denken Sie bei der Gestaltung Ihrer Präsentation immer an Ihr Publikum - vor einer Gruppe von Barkeepern können Sie sich mehr erlauben als vor der dritten Klasse Ihrer Tochter. Vermeiden Sie jedoch alles, was als sexistisch, rassistisch oder anderweitig abwertend gegenüber einer Gruppe ausgelegt werden könnte. Seien Sie besonders vorsichtig, wenn Sie sich auf eine Gruppe beziehen, der Sie nicht angehören, insbesondere wenn Sie mit dieser Gruppe nicht einverstanden sind. Politisch aufgeladene Witze können Ihnen vielleicht den einen oder anderen Lacher einbringen, aber sie können Ihre Glaubwürdigkeit zerstören. Im Zweifelsfall sollten Sie sie nicht verwenden. Viele Menschen verlieren ihren Job, weil "die Leute keine Witze vertragen".

5. VISUELLE HILFSMITTEL SOLLTEN NICHT IM MITTELPUNKT STEHEN.

Visuelle Hilfsmittel sind ergänzend, nicht primär. Oft verlassen sich Vortragende zu sehr auf das Bildmaterial, was ihre Autorität schmälert. Nutzen Sie sie, um die Aufmerksamkeit auf sich selbst zu lenken, denn Sie sind der Träger der Botschaft - nicht andersherum. Und vergessen Sie nicht Murphys Gesetz. Was schief gehen kann, wird schief gehen. Sie sollten sich nie so sehr auf die visuellen Hilfsmittel verlassen, dass ihr Fehlen Sie aus der Bahn werfen würde.

ÜBERSICHT ÜBER PRÄSENTATIONSSOFTWARE

Den Inhalt für eine Präsentation zu haben ist eine Sache, ihn zusammenzustellen, ohne den Computer quer durch den Raum zu werfen, ist eine andere. Glücklicherweise ist die Präsentationssoftware im Laufe der Jahre sehr viel intuitiver geworden. Und viele der virtuellen

Kommunikationsplattformen verfügen über integrierte Tools, auch wenn sie vielleicht nicht alle Funktionen bieten, die Sie benötigen. Im Folgenden finden Sie einige Punkte, die Sie bei der Auswahl Ihrer Präsentationssoftware beachten sollten:

Benutzerfreundlichkeit: Ist es intuitiv oder gibt es eine lange Lernkurve? Wenn Sie nur eine oder zwei Präsentationen erstellen wollen, lohnt es sich wahrscheinlich nicht, viel Zeit in das Erlernen eines neuen Programms zu investieren.

Kompatibilität und Zugänglichkeit: Werden die von Ihnen erstellten Präsentationen mit der von Ihnen verwendeten Plattform kompatibel sein? Und können Sie sie speichern und in Zukunft mit einer anderen Software verwenden?

Eigenschaften: Tut es, was Sie wollen?

Kosten: Wie bereits erwähnt, kann kostenlose Software auf lange Sicht teurer werden. Ich weiß nicht, wie es Ihnen geht, aber ich hasse es, viel Zeit in ein Programm zu investieren, nur um dann festzustellen, dass es einige Funktionen nicht hat, die ich brauche. Die verschwendete Zeit war wertvoller als die Kosten für eine bessere Software.

Im Folgenden finden Sie die gängigsten Präsentationsprogramme:

PowerPoint ist mit Abstand die bekannteste Präsentationssoftware und hat viele großartige Funktionen. Es ist benutzerfreundlich, vor allem, wenn Sie bereits mit Office 365 von Microsoft vertraut sind. Aber manche Benutzer fühlen sich von der Anzahl der Funktionen überwältigt.

Google Slides ist die G Suite-Version von PowerPoint und hat ähnliche Funktionen. Beide bieten kostenlose und kostenpflichtige Versionen an, und im Internet wird viel darüber diskutiert, welche die beste ist. Ein wesentlicher Unterschied besteht darin, dass Office 365 größtenteils desktopbasiert ist, während G Suite cloudbasiert ist. Letztendlich würde ich mich für das System entscheiden (Office oder G Suite), mit dem Sie bereits vertraut sind.

Keynote ist die Präsentationssoftware von Apple, die auf den meisten Geräten des Unternehmens enthalten ist. Sie ist einfach zu bedienen, vor allem für Leute, die bereits mit Apple vertraut sind. Allerdings ist es nicht mit PowerPoint kompatibel und kann nicht ohne weiteres auf anderen Systemen verwendet werden.

Prezi ist mein persönlicher Favorit. Bei allen oben genannten Optionen nimmt die Präsentation den größten Teil des Bildschirms ein und Sie sitzen in einem kleinen Kasten fest. Mit Prezi hingegen kann ich den Bildschirm teilen, während ich über meiner Schulter sitze und weiterhin Blickkontakt mit den Teilnehmern halte. Außerdem ist das Grundformat völlig anders. Während PowerPoint und Slides linear sind und eine Reihe von Folien durchlaufen, ist Prezi nicht linear. Es ist eher so, als würde man sich auf einer Karte bewegen und je nach Bedarf hinein- und herauszoomen. Manche Leute lieben die kreative Freiheit, die dies bietet, aber andere finden es verwirrend. Und schlecht gestaltete Präsentationen können dazu führen, dass sich die Leute wie im Auto fühlen.

Wie bei den Plattformen sollten Sie sich Zeit nehmen, um Ihre aktuellen und künftigen Bedürfnisse zu berücksichtigen. Entscheiden Sie sich nicht voreilig für eine Software, bevor Sie nicht mit den Optionen gespielt haben.

ANSCHLUSSFÄHIGKEIT

Der letzte Bereich, den es zu überprüfen gilt, ist die Konnektivität. Nichts schreit so sehr "Ich bin nicht vorbereitet" wie eine schlechte Verbindung. Stotternde Sprache, verzögertes Video und der Ausschluss aus der Besprechung zerstören die Kommunikation und vergeuden Zeit.

Nichts schreit so sehr "Ich bin nicht vorbereitet!" wie eine schlechte Verbindung.

Die benötigte Bandbreite variiert, aber Zoom empfiehlt eine Upload- und Download-Bandbreite von 1,2 Megabit pro Sekunde für Einzelgespräche mit 720p und 1,8 Mbps für Full HD (1080p). Ein Meeting mit Galerieansicht erfordert etwas mehr, und die Anforderungen von Microsoft Teams sind ähnlich. Die meisten Netzwerke bieten diese Geschwindigkeiten problemlos an, aber Sie können speedtest.net verwenden, um Ihre Bandbreite zu überprüfen.

Wenn Sie mit einem fremden Netzwerk arbeiten wollen, sollten Sie es vorher testen. Und zwar nicht nur einmal, sondern mehrmals und unter ähnlichen Bedingungen, wie sie für Ihre Sitzung gelten (d. h. die Anzahl der

Nutzer im Netz). Es ist wie bei der Planung Ihrer Reisezeit zum Flughafen: Gehen Sie nicht von der Verkehrslage um 3 Uhr morgens aus, wenn Sie während der Hauptverkehrszeit unterwegs sind. Wenn Sie nicht davon überzeugt sind, dass die Bandbreite ausreicht, treffen Sie andere Vorkehrungen.

Es ist immer ratsam, einen Ersatzplan zu haben, insbesondere für wichtige Besprechungen. Die Verwendung Ihres Mobiltelefons als Hotspot kann eine gute Option sein, aber stellen Sie sicher, dass Sie guten Empfang und ausreichende Daten haben.

Es ist immer ratsam, einen Notfallplan zu haben.

Das Gleiche gilt, wenn Sie Ihr Heimnetzwerk nutzen wollen. Testen Sie es im Voraus und verwenden Sie speedtest.net, um Ihre Bandbreite zu überprüfen. Wenn die Ergebnisse durchweg niedriger sind als von Ihrem Internetdienstanbieter (ISP) versprochen, sollten Sie ihn kontaktieren.

Wenn Ihre Bandbreite ausreichend zu sein scheint, Sie aber dennoch Verzögerungen oder Verbindungsprobleme haben, sollten Sie einige Dinge überprüfen:

WIE VIELE PERSONEN SIND IM NETZ?

Die anderen Aktivitäten in Ihrem Netz wirken sich direkt darauf aus, wie viel für Sie übrig ist. Selbst wenn Ihr Dienstanbieter angibt, dass Sie 20 Mbit/s erhalten, könnten die anderen fünf Personen die gesamte Bandbreite verbrauchen und nicht genug für Sie übrig lassen. Vergessen Sie nicht, dass jedes einzelne Gerät (Computer, Telefone, Tablets, Fernseher und sogar Haushaltsgeräte), das mit Ihrem Netzwerk verbunden ist, Bandbreite benötigt. Ihr WLAN-Router sollte es Ihnen ermöglichen, zu überprüfen, wie viele Geräte angeschlossen sind und wie viele Daten sie verbrauchen. Und es versteht sich von selbst, dass Sie ein gutes Passwort für Ihr Netzwerk brauchen, um "Trittbrettfahrer" zu verhindern.

Das bedeutet, dass Sie möglicherweise einige Geräte ausschalten und andere bitten müssen, während Ihrer Besprechungen keine bandbreitenintensiven Aktivitäten durchzuführen, um Ihre Bandbreite zu schonen.

HABEN SIE ZU VIELE ANDERE ANWENDUNGEN GEÖFFNET?

Je nach Alter und Leistung Ihres Geräts können andere Anwendungen die Ursache für die Verlangsamung Ihres Computers sein. Prüfen Sie den Aktivitätsmonitor (Apple) oder den Task-Manager (PC), um den Stromverbrauch Ihres Computers zu ermitteln (ähnliche Apps gibt es auch für Android und iPhone). Wenn es den Anschein hat, dass der Arbeitsspeicher Ihres Systems belastet wird, schließen Sie nicht benötigte Anwendungen.

VERWENDEN SIE EIN LAN ODER TESTEN SIE IHRE WI-FI-VERBINDUNG

Verwenden Sie, wenn möglich, eine kabelgebundene Verbindung (LAN oder Local Area Network) anstelle von Wi-Fi. Mein Computer ist direkt an das Internetmodem angeschlossen, was mir den besten und schnellsten Internetzugang in meinem Haus ermöglicht.

Wenn das nicht möglich ist, sollten Sie unbedingt Ihre Verbindung testen, denn alle Bandbreite der Welt nützt Ihnen nichts, wenn Ihr Wi-Fi-Signal schwach ist. Und es reicht nicht aus, zu sehen, wie viele "Balken" Sie haben. Tools wie Repeater sind berüchtigt dafür, dass sie viel Signal, aber wenig Daten liefern.

FEHLERSUCHE BEI IHRER VERBINDUNG

Irgendwann müssen Sie vielleicht einen Fachmann hinzuziehen, aber viele Probleme lassen sich mit ein wenig Geduld und einer Menge Google-Suchen beheben. Ich bin kein Computertechniker, aber ich zeige Ihnen hier, wie Sie grundlegende Fehlerbehebungen durchführen können:

Um es mit den Worten von Roy und Moss aus *The IT Crowd zu sagen*: Haben Sie versucht, das Gerät aus- und wieder einzuschalten? Beginnen Sie immer mit dem Zurücksetzen aller Komponenten, einschließlich Ihres Modems und Routers, indem Sie sie für zehn Sekunden ausschalten und dann neu starten. Klären Sie das aber vorher mit allen anderen ab - Sie wollen ja nicht für den Verlust der Minecraft-Kreation Ihrer Tochter verantwortlich sein.

Haben Sie versucht, das Gerät aus- und wieder einzuschalten?

Versuchen Sie dann, das Problem einzugrenzen, indem Sie alle möglichen Ursachen ausschließen. Schließen Sie sich direkt an das Netzwerk an (um alle Fragen zum WLAN auszuschließen) und stellen Sie sicher, dass alle anderen Personen nicht im Netzwerk sind. Wenn Sie eine gute Verbindung haben, versuchen Sie, Wi-Fi zu verwenden, aber setzen Sie sich neben den Router. Stellen Sie Ihr Gerät dann an seinen normalen Platz. Wenn es immer noch einwandfrei funktioniert, lassen Sie alle anderen das Netzwerk nutzen und versuchen Sie es erneut.

PRAXISAUFRUF

Mein Freund Josh war für die Beschallung seines kleinen Colleges zuständig. Als sie sich für ihre große "Open Campus"-Veranstaltung vorbereiteten, wurde ihm klar, dass sie ein neues Gerät brauchten, um den erhöhten Audiobedarf zu decken. Aufgrund von Lieferverzögerungen erhielt er das Gerät in der Nacht zuvor und blieb lange auf, um es zu installieren. Er führte ein paar Tests durch und war mit den Ergebnissen zufrieden, auch wenn er es noch nicht mit der gesamten Band ausprobieren konnte.

Am nächsten Morgen begann die Band mit ihrer dramatischen Eröffnung, nur um den Raum mit schmerzhaft verzerrtem Kreischen zu erfüllen. Das Publikum hielt sich buchstäblich die Ohren zu und alle auf der Bühne, einschließlich des College-Präsidenten, starrten ihn an. Er konnte buchstäblich nichts tun und duckte sich verlegen aus dem Saal. Ich fragte ihn, was dann geschah, und er sagte, er habe alles verdrängt. Ich glaube nicht, dass das ein Scherz war.

Am nächsten Tag zeigte sich der Präsident überraschend gnädig. "Wir hätten nicht zulassen dürfen, dass Sie das Pferd am Tag des Rennens wechseln", sagte er. Diese Lektion hat er nie vergessen, und wir täten gut daran, aus seinem Fehler zu lernen.

Beginnen Sie Ihre große Präsentation niemals ohne eine Generalprobe. Wenn Sie alles vorbereitet haben - eine gute Ausrüstung, einen Hintergrund, der sagt: "Ich bin ein Profi", einen guten Bildausschnitt und viel Bandbreite -, ist es an der Zeit, ein paar Probeanrufe zu tätigen.

Gehen Sie niemals ohne eine Generalprobe in voller Montur in Ihre große Präsentation.

Suchen Sie sich einen Freund oder Kollegen, der mit der von Ihnen verwendeten Plattform vertraut ist, und bitten Sie ihn, an einer

Übungsbesprechung teilzunehmen. Achten Sie darauf, dass Sie jeden Aspekt der Präsentation so genau wie möglich nachahmen und achten Sie auf diese Details:

- Wissen Sie, wie man jedes Gerät benutzt, ohne darüber nachzudenken?
- Arbeiten die Geräte nahtlos zusammen?
- Wissen Sie, wie Sie das Meeting auf dieser Plattform starten/an
- ihm teilnehmen können?

Sind Sie mit jeder Präsentationssoftware vertraut, die Sie verwenden könnten?

- Gibt es Materialien oder Informationen, die Sie leicht zugänglich haben müssen?

Virtuelle Gelegenheit

In meinem Buch "Reden ohne Angst" erzähle ich von einem Freund, dessen gesamte Rede Schiffbruch erlitt, weil sein Hosenstall offen war. Bei Online-Meetings können Sie sich selbst beobachten und sicherstellen, dass Ihre Gesten und Ihre Mimik das vermitteln, was Sie wollen - und dass Sie Fehltritte in der Garderobe vermeiden.

Bitten Sie Ihren Freund, auf diese Details zu achten:

- Hat alles ordnungsgemäß funktioniert?
- Sind Sie sicher im Umgang mit der Plattform und dem Präsentationsmaterial?
- War die Kamera klar? Gab es eine gute Beleuchtung, die Sie nicht verwaschen hat?
- Konnten Sie ihnen in die Augen sehen, ohne sie anzustarren?
-

Wie war die Tonqualität? Konnten sie irgendwelche Hintergrundgeräusche hören?

- War Ihr Hintergrund nicht ablenkend (gut)? War er professionell (besser)? Hat er Ihre Autorität vermittelt (am besten)?
- Wurden Sie auf dem Bildschirm gut eingerahmt?

Seien Sie nicht frustriert, wenn nicht alles auf Anhieb klappt. Deshalb üben Sie ja! Wiederholen Sie den Vorgang mit einem neuen Publikum, bis Sie mit allem zufrieden sind.

Der richtige Blickwinkel, die richtige Vorbereitung, eine mutige Führung, die richtige Einrichtung... wir haben schon eine Menge Themen behandelt. Ich glaube, ich habe Ihnen alle Werkzeuge an die Hand gegeben, die Sie brauchen, um Sie und Ihr Unternehmen auf die nächste Stufe der virtuellen Kommunikation zu bringen

Unternehmen, die sich auf neue Technologien einlassen können, ohne ihren Kern zu verlieren, haben die besten Aussichten auf Erfolg.

Kapitel 14

Schlussfolgerung

Der griechische Philosoph Sokrates sagte dies über die Erfindung der Schrift:

> Sie werden aufhören, ihr Gedächtnis zu trainieren, weil sie sich auf das verlassen, was geschrieben steht, und die Dinge nicht mehr aus sich selbst heraus, sondern durch äußere Zeichen in Erinnerung rufen.

Die Ironie besteht natürlich darin, dass wir ihn nur deshalb zitieren können, weil es aufgeschrieben wurde. Aber er hatte nicht Unrecht, und die Wissenschaft hat nur gezeigt, dass die Verwendung von Smartphones und anderen Technologien unsere Tendenz, Informationen auszulagern, nur noch verstärkt hat. Wir erinnern uns an weniger, weil wir sie irgendwo gespeichert haben. Aber da die Flut an Informationen, Ideen und Geschichten immer größer wurde, konnten wir mit Hilfe der Schrift viel mehr sammeln und behalten, als es mit der mündlichen Überlieferung allein möglich gewesen wäre.

Wie das Schreiben hat auch die virtuelle Kommunikation die persönliche Kommunikation nicht ersetzt, aber sie bietet ein weiteres Instrument. Und wie bei Autos, Computern, dem Internet oder anderen großen Umwälzungen, die zunächst als bloße Neuheiten abgetan wurden, wird die virtuelle Kommunikation bleiben, und die Unternehmen, die neue Technologien annehmen können, ohne ihren Kern zu verlieren, haben die besten Chancen auf Erfolg.

Unternehmen, die sich auf neue Technologien einlassen können, ohne ihren Kern zu verlieren, haben die besten Aussichten auf Erfolg.

COVID-19 hat die Welt in vielerlei Hinsicht verändert, manche zum Guten und manche zum Schlechten. Ich glaube, dass die explosionsartige Verbreitung von Zoom und anderen Webkonferenz-Tools zur Kategorie der "guten Veränderungen" gehört. Da sich immer mehr Menschen mit der virtuellen Kommunikation vertraut machen, hat sich meine Reichweite vergrößert. Ich bin nicht länger

auf die Arbeit mit Techies und Early Adopters beschränkt. CEOs fragen heute genauso oft "Können wir zoomen?" wie jeder andere auch. Meine Kunden können aus fast jedem Land der Erde kommen.

Aber es war nicht einfach. Ich musste lernen, durch die Tür zu sprechen, um die Vorteile dieser Möglichkeiten voll ausschöpfen zu können. Das ist der Zweck dieses Buches: Ihnen zu helfen, die Vorteile der virtuellen Kommunikation zu maximieren und gleichzeitig die Nachteile zu minimieren.

Die vier Abschnitte dieses Buches stellen die Schlüsselkonzepte dar, die Sie nicht nur beherrschen, sondern auch Ihrem Team vermitteln müssen:

1. ENGAGE

Wir müssen vom Solomodus in den sozialen Modus wechseln und andere als echte Menschen ansprechen, indem wir sie mit der gleichen Höflichkeit behandeln, die wir ihnen von Angesicht zu Angesicht entgegenbringen würden. Wir müssen ihnen in die Augen schauen (über die Kamera) und ihnen unsere volle Aufmerksamkeit schenken. Aber es ist nicht *so wie im* persönlichen Gespräch. Wir müssen zusätzliche Energie aufwenden, um uns durch den Bildschirm zu zwängen, und wir werden im Gegenzug mehr Energie zurückbekommen, so dass wir unsere Sitzungen erfrischt verlassen.

2. ATTEND

Wenn wir den Sitzungen, an denen wir teilnehmen, mehr Aufmerksamkeit schenken und uns entsprechend vorbereiten und kleiden, werden wir mehr Nutzen aus ihnen ziehen. Besondere Aufmerksamkeit muss der Art und Weise gewidmet werden, wie wir uns präsentieren, damit wir darauf achten können, wie wir von anderen wahrgenommen werden.

3. LEAD

Gute Sitzungen sind das Ergebnis einer guten Führung. Das beginnt mit einer guten Vorbereitung: eine Tagesordnung, eine sorgfältige Auswahl der Teilnehmer, das Wissen um die Art der Sitzung und die Vermittlung von Erwartungen. Aber die Moderatoren beweisen ihr Können während der Sitzung, indem sie die Dinge zum Nutzen der gesamten Gruppe auf Kurs halten.

4. EINRICHTEN

Unsere virtuelle Einrichtung - alles, was die Teilnehmer sehen oder hören können - lässt auf unsere Professionalität schließen. Das ist viel zu wichtig, um es dem Zufall zu überlassen. Es ist wichtig, jedes Element zu durchdenken und zu testen, um sicherzustellen, dass es wie gewünscht funktioniert.

Nichts in diesem Buch ist unmöglich, und manches ist äußerst einfach - wie das Tragen von Hosen zu Ihrem nächsten Zoom-Meeting. Aber manches davon erfordert Arbeit und manches erfordert Mut.

Es wird sich lohnen.

All die Energie, die Sie in virtuelle Meetings stecken, wird sich mit Zinsen auszahlen, da Ihre Meetings ansprechender, motivierender und produktiver werden. Es ist eine kleine Investition, die sich in einer Weise auszahlt, die Sie sich nicht vorstellen können.

TEIL VIER: EINRICHTEN

KAPITEL 12: EINRICHTEN FÜR DEN ERFOLG

KAPITEL 13: AUSWAHL DER RICHTIGEN WERKZEUGE

KAPITEL 14: SCHLUSSFOLGERUNG